BUDAPESTER GAMBIT

Budapester Gambit

Otto Borik

EDITION MÄDLER IM WALTER RAU VERLAG / DÜSSELDORF

1. Auflage 1985

© bei Edition Mädler im Walter Rau Verlag, Düsseldorf

Umschlaggestaltung: Manfred Mädler, Düsseldorf
Gesamtherstellung: Druckerei Hildebrand, Berlin
Printed in Germany
ISBN 3-7919-0221-0

Inhaltsverzeichnis

Zeichenerklärung:

+	Schach
x	schlägt
e. p.	en passant
=	mit gleichem Spiel
!	starker Zug
!?	verdient Beachtung
?!	fraglicher Zug
?	schwacher Zug
+ — (— +)	Weiß (Schwarz) gewinnt
+ = (= +)	Weiß (Schwarz) steht etwas besser

Vorwort

Was soll man mit Schwarz spielen?
Diese Frage hat sich sicher jeder Schachfreund schon einmal gestellt. Soll man nun dem Beispiel der „Großen" folgen und das eigene Repertoire z.B. bei dem Weltmeister „abgucken"? Oder soll man sich irgendeine ausgefallene Variante zulegen, um den Gegner zu überraschen?
Folgende Überlegungen sprechen für die zweite Möglichkeit.
Die Profis haben viel Zeit, um unzählige Varianten zu studieren und sie bis tief in das Mittelspiel auszufeilen. Ferner sind die Schachmeister „gläserne Menschen", weil ihre Partien laufend veröffentlicht werden. Somit ergibt sich für sie die Konsequenz, nur ausführlich geprüfte und ständig aktualisierte Varianten zu spielen; der Zeitaufwand dafür ist beträchtlich.

Für den „normalen" Vereins- und Turnierspieler liegt die Problematik ganz anders. Er hat nicht den Vorteil der zum Studium reichlich verfügbaren Zeit, allerdings auch nicht den Nachteil, daß seine eigenen Partien viel zu bekannt sind und vom Gegner ausführlich untersucht werden können. Er kann also unternehmungslustiger spielen und mit dem Moment der Überraschung kalkulieren. Und so sind wir bei dem Thema dieses Buches angelangt.

Jährlich werden Hunderte von Meisterpartien veröffentlicht, die z.B. mit Benoni eröffnet wurden. Spielen Sie Benoni, so kann es Ihnen leicht passieren, daß Ihr Gegner gerade in einer Schachzeitung eine Neuerung entdeckt hat, und er wendet sie gegen Sie an. Und so müssen Sie plötzlich statt gegen Ihren (womöglich schwächeren) Gegner gegen den Großmeister X ankämpfen, was selten gut geht.
Das Budapester Gambit und das Fajarowicz Gambit — das Thema dieses Buches — wird heutzutage international wenig gespielt; dort sind die gut informierten Profis kaum zu überraschen. Auf anderen Ebenen, so ungefähr bis zu der Bundesliga-Ebene, kann man mit dieser Überraschungs-Waffe in vielen Partien Erfolg haben, insbesondere, wenn man sich anhand dieses Buches mit den wichtigsten Ideen und Kombinationen vertraut gemacht hat. Und wenn man doch einmal einen gutinformierten Gegner trifft (der diese Variante kennt; vielleicht auch dieses Buch gelesen hat), so muß man eben einmal einen geringen, noch vertretbaren Nachteil in Kauf nehmen; dies muß man als Nachziehender in vielen anderen Eröffnungen auch.

In diesem Sinne: Viel Erfolg und vor allem viel Spaß mit dem kombinationsreichen, faszinierenden Budapester/Fajarowicz-Gambit!

Otto Borik

1. Kapitel — Das Springersystem

1. d4 Sf6 2. c4 e5 3. dxe5 Sg4 4. Sf3

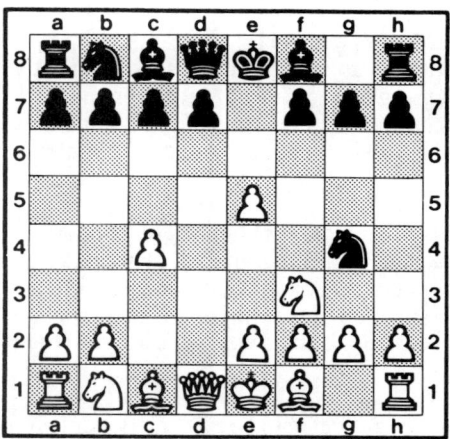

Mit diesem Zug deckt Weiß den Be5 und setzt gleichzeitig seine Entwicklung fort. Diese ruhige Fortsetzung wird vor allem in den unteren und den mittleren Klassen am häufigsten gespielt; sie kommt jedoch manchmal auch bei internationalen Turnieren vor.

Schwarz hat nun zwei wichtige Fortsetzungen zur Verfügung:

4. . . . Sc6	**1. Abspiel**
4. . . . Lc5	**2. Abspiel**

In der Praxis kamen noch sporadisch zwei weitere Züge vor:

4. . . . d6?
ist ein unlogisches Gambit. Die Hauptidee des Budapester Gambits besteht ja vor allem in der aktiven Postierung des schwarzen Königsspringers auf e5 mit gleichzeitigem Rückgewinn des geopferten Bauern. Der Zug . . . d6 fördert die schwarze Entwicklung nur unwesentlich, denn der schwarze Königsläufer steht auf c5 oder auf b4 aktiver als auf d6. Nach **5. exd6 Lxd6 6. Sc3 0—0 7. e3 Sc6 8. Le2 Lf5 9. 0—0** ist keine Kompensation für den geopferten Bauern zu erkennen, z.B. 9. . . . Df6 10. h3 Sge5 11. Sd4 Tad8? (. . . Lg6? 12. f4 Sd7 13. f5; . . . Ld7 12. Sdb5 nebst Sxd6 und klarem Vorteil für Weiß, und schließlich . . . Sxd4 12. exd4 Sg6 13. c5 Le7 14. Sd5) 12. Sd5 Dg6 13. Lh5 —1:0 in einer Simultanpartie.

4. . . . Lb4 +
Dieser Zug hat keine selbständige Bedeutung, denn er führt durch Zugumstellung zu einer auf den nächsten Seiten behandelten Stellung. In allen praktischen Beispielen folgte später . . . Sc6 und . . . Sg (c) xe5, wodurch die Ausgangsstellung des 1. Abspiels (nach 4. . . . Sc6), Abschnitt A, erreicht wurde.

In dem ersten Abspiel legt sich Schwarz bezüglich der Entwicklung seines Königsläufers noch nicht fest, und er greift zunächst den Be5 mittels 4. . . . Sc6 nochmals an. Einige theoretische Werke betrachten diesen Zug mit Skepsis, doch neuere Analysen der ungarischen und der schwedischen Meister haben seine Vollwertigkeit nachgewiesen.

1. Abspiel:

1. d4 Sf6 2. c4 e5 3. dxe5 Sg4 4. Sf3 Sc6

Der Be5 wird nochmals angegriffen. Weiß kann ihn mittels 5. Dd5 oder 5. Lf4 decken. Diese Züge führen zu den später behandelten Varianten:

5. Dd5 siehe 4. Kapitel: Seltene Fortsetzungen im 4. Zug von Weiß. Dort geschieht im 1. Abspiel nach 1. d4 Sf6 2. c4 e5 3. dxe5 Sg4 4. Dd5, und nach 4. ... Sc6 5. Sf3 ergibt sich die Hauptvariante mit dem Zug 5. Dd5.

5. Lf4 ergibt Stellungen, die im 2. Kapitel (Das Läufer-System) behandelt werden.

Wir untersuchen nun:

5. e3 Lb4 + sowie Varianten mit späterem ... Lb4   **Abschnitt A**

5. e3 Sgxe5   **Abschnitt B**

5. Lg5   **Abschnitt C**

Abschnitt A

5. e3 Lb4 +

Weiß hat nun drei Möglichkeiten:
6. Ld2, 6. Sc3 und 6. Sbd2

Variante 6. Ld2

Bei einem internationalen Turnier in Beer Sheva (Israel) wurde mit dieser Fortsetzung eine interessante Partie gespielt:

Partie Nr. 1

Gutman — Shvidler
Israel 1982
1. d4 Sf6 2. c4 e5 3. dxe5 Sg4 4. Sf3 Sc6 5. e3 Lb4 + 6. Ld2 Lxd2 + 7. Dxd2 0—0 8. Le2 Scxe5 9. Sxe5 Sxe5 10. 0—0 d6 11. Sc3 Lg4 12. f3 Le6 13. b3 Dh4 14. f4
Besser war 14. Sd5, denn nach 14. ... Lxd5 15. cxd5 steht Weiß besser (er wird mit seinen Türmen auf der c-Linie einen starken Druck gegen den Bc7 ausüben); 14. ... c6 nebst 15. ... Tad8 ist sicherer, wenn auch Weiß das etwas bequemere Spiel hat.
14. ... Sg4 15. Lxg4 Dxg4 16. Sb5 Tfc8 17. e4 Ld7 18. Sc3 Lc6 19. Tae1 Te8 20. Te3 Dd7 21. Dd4 f5 22. Tfe1 fxe4 23. Sxe4 Tf8 24. Sg3 Tae8 25. f5
25. Dxa7? Ta8 26. Dd4 Txa2 und 27. Te7 scheitert an ... Txg2 + 28. Kf1 Dg4.
25. ... Txe3 26. Txe3 b6 27. Te6 Te8 28. Sh5 Df7 29. Dg4
Es sieht kritisch aus für Schwarz, aber nur oberflächlich gesehen. Den Punkt g7 kann Schwarz leicht halten, und die Drohung Sf6 + wird mit seinem nächsten Zug vereitelt:
29. ... Kf8 30. Sf4 Ld7 31. Txe8 + Dxe8 32. Kf2?
Weiß wehrt die Drohung De1 Matt ab, stellt dabei jedoch einen Bauern ein. Er mußte 32. Se6 + Lxe6 33. fxe6 spielen, mit wahrscheinlichem Remisausgang.
32. ... Df7 33. h4 Dxf5 34. Df3 c6 35. g4 Dc5 + 36. Kg2 Ke7 37. Sd3 Dd4 38. Sf2 h5 39. De2 + Kd8 40. De4 Dxe4 + 41. Sxe4 d5 42. cxd5 cxd5
Weiß gab auf.

Variante 6. Sc3

Hier kann Schwarz einen ernsthaften Fehler begehen, indem er nicht sofort den Springer c3 schlägt. Aus der nachfolgenden Partie aus den „goldenen Schachzeiten" wird deutlich, was dann passieren kann. Dabei ist es unwesentlich, daß die kritische Stellung durch Zugumstellung erreicht wurde.

Partie Nr. 2

Thomas — Reti
Baden-Baden 1925
1. d4 Sf6 2. c4 e5 3. dxe5 Sg4 4. Sf3 Sc6 5. Sc3 Sgxe5 6. e3 Lb4 7. Ld2 0—0 8. a3! Lxc3 9. Lxc3 d6 10. Le2 Sxf3 + 11. Lxf3 Se5 12. Le2 Le6 13. 0—0 Dd7 Der Bc4 ist tabu: 13. . . . Lxc4? 14. Lxc4 Sxc4 15. Dd4 Se5 16. f4! mit Figurengewinn.
14. c5!
Die unsichere Stellung des Se5 ermöglicht diesen Vorstoß, wonach Schwarz mit der permanenten Schwäche d6 laboriert.
14. . . . Tfd8 15. cxd6 Dxd6 16. Dxd6 cxd6 17. Tfd1 Tac8 18. Td4 Lc4 19. Kf1!
In Erwartung des nahenden Endspiels bringt Weiß seinen König in die Mitte.

Hier könnte man — unter dem eröffnungstheoretischen Aspekt — Schluß machen, mit der Feststellung, daß Weiß besser steht, und daß er seinen Vorteil im 73. Zug zum Sieg ummünzen konnte. Wir wollen jedoch fortfahren, denn in der Partie entsteht bald ein hochinteressantes Endspiel mit nicht alltäglichen Pointen:

19. . . . f6 20. Tad1 Tc6 21. Lb4 Lb3 22. Tb1
Besser als 22. Txd6? Tdxd6 23. Txd6 Tc1 + nebst . . . Tb1.
22. . . . d5 23. Ke1 Tdc8 24. Lc3 Sc4

Die taktische Drohung . . . Sxa3 wird leicht pariert durch den Druck gegen die Schwäche d5:
25. Lf3
Nach 25. . . . Sxa3 folgt 26. bxa3 Txc3 27. Txb3! Txb3 28. Lxd5 + und Lxb3.
25. . . . Sb6 26. Ld1 Lxd1
Weicht Schwarz diesem Tausch aus — 26. . . . Lc4 — so folgt 27. a4 nebst 28. a5, 29. Lf3 und 30. b3: Der Bd5 wird systematisch belagert und erobert.
27. Tbxd1 Kf7 28. a4 Tc4 29. a5 Sa4 30. Txc4 Txc4
30. . . . dxc4? 31. Td7 + nebst Txb7 kam natürlich nicht in Betracht.
31. Txd5 Sxc3 32. bxc3 Ke6 33. Tb5 Tc7 34. Kd2 Td7 + 35. Kc2 Kd6 36. f3 Kc6 37. c4 b6 38. g4 Te7 39. axb6 axb6 40. Kd3

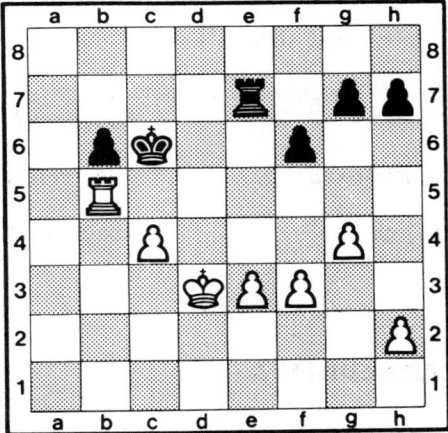

In diesem Endspiel leistete Schwarz noch einen heroischen Widerstand, doch er konnte es nicht mehr retten:
40. . . . Ta7 41. g5 fxg5 42. Txg5 g6 43. h4 Te7 44. h5 Te6 45. f4 Kd7 46. Kd4 Tc6 47. f5 gxf5 48. Tg7 + Ke6 49. Txh7 Td6 + 50. Kc3 Ke5 51. h6 Te6 52. Th8 Ke4 53. h7 Te7 54. Kb4 Kxe3 55. Kb5 f4 56. Kc6!

Mit einer netten Idee verbunden: 56. . . . f3
57. Kd6 f2 (Turm beliebig auf der 7. Reihe:
58. Te8 + nebst h8-D; Turm beliebig auf
der e-Linie: 58. Tf8 usw.) 58. Kxe7! f1-D
59. Te8 und Weiß wird h8-D durchsetzen.

**56. . . . Kf2 57. Kxb6 f3 58. Kc6 Tf7
59. c5 Kf1 60. Kb6 f2 61. c6 Ke2
62. Te8 + Kd3 63. h8-D f1-D 64. Td8 +
Kc2 65. Dh2 + Tf2 66. De5 Tf4 67. Dd5
De1**
Nach 67. . . . Tb4 + 68. Kc7 hat Schwarz
kein weiteres Schach. 67. . . . Df2 +
68. Dc5 + mit gewonnenem Turmend-
spiel.

**68. Dd3 +   Kc1   69. Da3 +   Kc2
70. Dc5 + Kb2 71. Tb8**

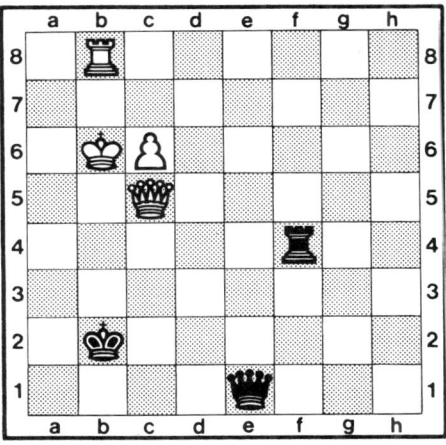

Eine gefällige Pointe: 71. . . . Tb4 +
72. Dxb4! Dxb4 + 73. Ka7 und der
c-Bauer entscheidet.
71. . . . Ta4 72. Kc7 + Ka1 73. Tb3!

Nun wird Schwarz entweder mattgesetzt,
oder er kann den Damentausch auf c3
nicht verhindern, wonach Weiß mit seinem
c-Bauern leicht gewinnt.
Schwarz gab auf.

Dieses Beispiel stellt keineswegs den Ausfall Lf8-b4 in Frage. Er dient lediglich der
„Abschreckung". Wir merken: Schwarz
darf nicht sein Läuferpaar hergeben und
gleichzeitig zulassen, daß der weiße Läufer
auf c3 auftaucht!

Wir kehren also zurück zu der Stellung
nach

**1. d4 Sf6 2. c4 e5 3. dxe5 Sg4 4. Sf3
Sc6 5. e3 Lb4 + 6. Sc3**
und analysieren die für Schwarz richtige
Fortsetzung
6. . . . Lxc3 + ! 7. bxc3 De7!
Dadurch verhindert Schwarz c4-c5 und
auch Lc1-a3.
8. a4 Sgxe5 9. La3 d6 10. c5
Weiß beabsichtigt 10. . . . dxc5 11. Dd5
mit günstigem Rückgewinn des Bauern,
da 11. . . . b6?? an 12. Sxe5 scheitert.
Schwarz hat jedoch eine Überraschung in
petto:
**10. . . . Sxf3 + 11. gxf3 De5! 12. Dd2
dxc5 13. Lb5 Ld7 14. 0—0 0—0—0**
Weiß hatte in der Partie Kamyschow — Sel-
jinski, UdSSR 1973, keinen ausreichenden
Ersatz für den geopferten Bauern. Schwarz
gewann nach einem wenig interessanten
Verlauf im 58. Zug.

Variante 6. Sbd2
Nach dem Läuferschach im 5. Zug von
Schwarz kann Weiß auch 6. Sbd2 ziehen,
was der DDR-Großmeister Rainer Knaak in
folgender Partie gegen den polnischen
Meister Adamski zeigt:

Partie Nr. 3

Knaak — Adamski
Sandomierz 1976
**1. d4 Sf6 2. c4 e5 3. dxe5 Sg4 4. Sf3
Sc6 5. e3 Lb4 + 6. Sbd2 Sgxe5 7. Sxe5
Sxe5 8. Le2**

Hier konnte Schwarz ein vollwertiges Spiel erlangen nach 8. . . . d5!? 9. cxd5 Dxd5 10. Da4+ Sc6 11. Lf3 Dd6 12. 0—0 0—0 13. Td1 De7, und nun ist es für Weiß riskant, den angebotenen Bauern zu nehmen: 14. Lxc6 bxc6 15. Dxc6 Tb8 mit einem sehr gefährlichen Angriff nach dem Muster . . . Tb6, . . . Lb7, . . . Tg6 und ggf. . . . Ld6. (Varianten angegeben von IM Trajkovic im Informator).

In der Partie hatte es Schwarz zu eilig:
8. . . . Dh4? 9. 0—0 0—0 10. Sb3 Te8 11. Sd4 Sc6 12. Sf5 Df6 13. Sg3 Ld6?!

Besser war die Umgruppierung 13. . . . Lf8 nebst . . . g6 und . . . Lg7. Bei einer solchen Aufstellung ist erstens der schwarze Königsflügel gut gesichert, zweitens wird der Lb4 nach evtl. d7-d6 nicht abgeschnitten, und schließlich nimmt der Bg6 dem Sg3 die Felder h5 und f5.

14. Sh5 De7 15. a3 a5 16. Ld2?!
Nun setzt aber auch der Anziehende nicht genau fort: 16. f4! war besser. Der Textzug gab dem Schwarzen abermals Gelegenheit zum Ausgleich: 16. . . . Le5! 17. Dc2 (oder Tb1) . . . g6 18. Sg3 a4! 19. Lc3 d6. Aber der polnische Meister ließ sich von einer scheinbar leichten Beute verführen:

16. . . . De5?! 17. f4 Dxb2 18. Tb1 Dxa3 19. Tb3 Da4 20. Ld3 Lf8 21. Lc3
Für die Entwicklung 21. . . . d6 ist es schon zu spät: 22. Sf6+! gxf6 23. Lxh7+ Kg7 (23. . . . Kxh7 24. Dh5+ Kg8 25. Lxf6, bzw. 24. . . . Kg7 25. Tf3 nebst Tg3) 24. Lc2 nebst Dh5 und/oder Tf3-g3 mit einem unwiderstehlichen Angriff.

Schwarz muß angesichts der Drohung Sf6+ zu „krummen Zügen" greifen:
21. . . . Te6 22. f5 Te5 23. Tf4 d6 24. Tg4 Kh8 25. c5 Sb4 26. Lxe5 dxe5 27. Sxg7!

Mit der Drohung 27. . . . Lxg7 28. Lb5! nebst Dd8 und Matt.

27. . . . Dc6 28. Sh5 Lxc5 29. Le4 Dd6 30. De1 Ld7 31. h3 Dh6 32. Th4 Lc6 33. Lxc6 Sxc6
Oder 33. . . . Dxc6 34. f6 drohend Db1 mit Angriff gegen den wunden Punkt h7. Im übrigen befanden sich hier beide Spieler in Zeitnot, was den logischen Fluß der Partie beeinflußte; an der weißen Initiative läßt sich aber nicht rütteln.

34. Txb7 Ld6 35. Tb1 Lc5 36. Kh1 Dxe3
36. . . . Lxe3 verliert nach 37. Sf4 Df6 38. Sd5, bzw. 37. . . . Dg5 38. Tg4 den Läufer.
37. Sf6 Dxe1+ 38. Txe1 Kg7 39. Sh5+ Kh6 40. Sg3+ Kg7 41. Tc1 a4 42. Txc5 a3 43. Txc6!
Besser als 43. Tc1 a2 44. Ta1 Sd4 nebst Sb3.
43. . . . a2 44. Tg4+ Kf8 45. Tc1 a1-D 46. Txa1 Txa1+ 47. Kh2
Schwarz gab auf.

Zusammenfassung:

Der Plan 4. . . . Sc6 und 5. . . . Lb4+ ist trotz des 2:1 Score für Weiß in den vorhergegangenen Musterpartien nicht widerlegt.
Nach 6. Sc3 muß Schwarz sofort 6. . . . Lxc3+ spielen; nach 6. Sbd2 verspricht baldiges . . . d7-d5 den Ausgleich. Am schwierigsten ist die Lage des Schwarzen nach 6. Ld2.

Wesentlich einfacher ist die Aufgabe des Nachziehenden nach dem logischen Zug 5. . . . Sgxe5, womit sich der nächste Abschnitt befaßt.

Abschnitt B

1. d4 Sf6 2. c4 e5 3. dxe5 Sg4 4. Sf3 Sc6 5. e3

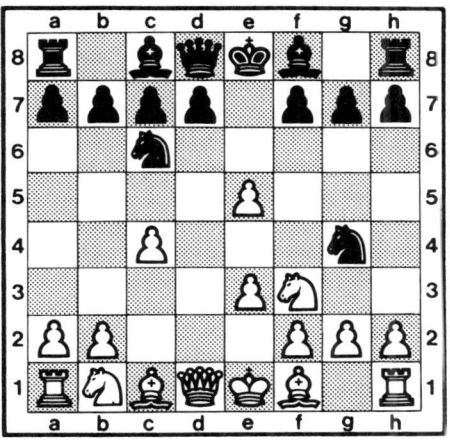

GM Predrag Nikolic

Das Läuferschach auf b4 und die damit verbundenen Varianten wurden in dem Abschnitt 1 A unter die Lupe genommen. In diesem Abschnitt wollen wir uns mit einer naheliegenden Fortsetzung befassen, nämlich mit dem Schlagen auf e5. Wie bereits erwähnt, stellt die aktive Postierung eines schwarzen Springers auf e5 den Grundgedanken des Budapester Gambits dar.

Für Schwarz stellt sich nun die Frage: Mit welchem Springer soll auf e5 geschlagen werden?

Die Antwort gibt in Form der negativen Auslese („so geht es nicht!") eine Partie des Jugoslawen Predrag Nikolic. Der mittlerweile namhafte Großmeister spielte sie im Jahre 1979 bei der Jugendweltmeister-schaft in Mexiko, wo er hinter Seirawan (USA) und Tschernin (UdSSR) den dritten Platz belegte. Schon damals war Nikolic ein gefürchteter „Killer" in den 1. d4-Eröffnungen, denn er nutzte jede Ungenauigkeit unerbittlich aus.

Partie Nr. 4

Nikolic — Barbero
JWM Mexiko 1979
1. d4 Sf6 2. c4 e5 3. dxe5 Sg4 4. Sf3 Sc6 5. e3 Lc5
Etwas Geduld bitte, das Schlagen auf e5 erfolgt sofort.
6. Sc3 Scxe5?
Nur 6. . . . Sgxe5 ist richtig, wie Nikolic gleich nachweisen wird:
7. h3!
Erzwingt den Tausch auf f3, wonach die weiße Dame vorteilhaft ins Spiel gebracht wird. Das gleich gilt, wenn die Züge Sb1-c3

und Lf8-c5 nicht eingeschaltet wurden, also im 5. Zug.

Hierzu ein Tip:
Tauschen Sie auf f3 entweder überhaupt nicht, oder nur dann, wenn Weiß Lf1-e2 gezogen hat und daher nicht mehr mit der Dame zurückschlagen kann!

7. . . . Sxf3 + 8. Dxf3 Se5 9. Dg3
Hier steht die Dame ideal, denn sie bedroht den Punkt g7, und verhindert deshalb die Entwicklung des schwarzen Königsflügels. Da nach 8. . . . Df6 9. Sd5 mit den unangenehmen Drohungen Sxc7 oder Dxg7 folgt, muß Schwarz nochmals mit seinem Springer ziehen. Somit zog Schwarz von seinen ersten neun Zügen siebenmal (!) mit einem seiner Springer — dies kann nicht gutgehen!

9. . . . Sg6 10. Ld2 Ld6
Nach 10. . . . 0—0 befürchtete Schwarz 11. h4.
11. f4 Le7 12. 0—0—0 Lf6 13. Df3 d6 14. Sd5 0—0 15. Ld3 Ld7 16. h4 Te8 17. h5 Sf8 18. g4 Lc6 19. g5 Le7 20. Lc3 Lxd5 21. Dxd5 c6 22. Dd4 Se6

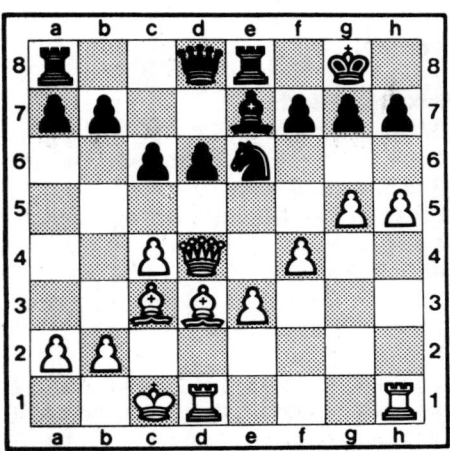

Nach der mißglückten Eröffnung geriet Schwarz in Nachteil und verlor dann vollständig den Faden. Die folgende Kombination versöhnt uns wieder mit dieser von Schwarz „verkorksten" Partie:

23. Lxh7 + ! Kxh7 24. De4 + Kg8 25. h6
Die Drohung 26. hxg7 nebst Dh7 + und Matt ist durch nichts abzuwehren: . . . g6 26. h7 + und h8-D Matt; auch der Textzug hilft nicht:
25. . . . Sxg5 26. hxg7!
Schwarz gab auf.

Wer diese Partie nachgespielt hat, der wird wohl nie mit dem Sc6 auf e5 zurückschlagen, nicht wahr?

Nach diesen Erfahrungen kristallisierte sich langsam **die richtige Zugfolge** heraus:

1. d4 Sf6 2. c4 e5 3. dxe5 Sg4 4. Sf3 Sc6 5. e3 Sgxe5

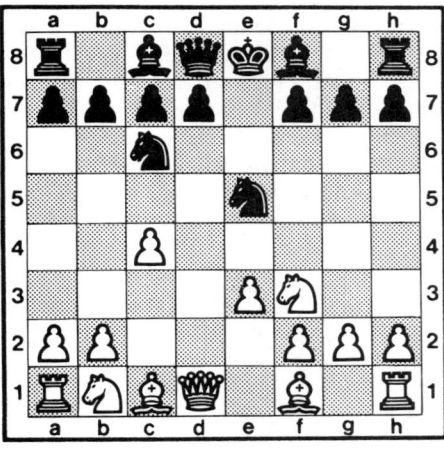

Nun führen die Züge 6. b3, 6. Sc3 oder 6. Le2 allesamt durch Zugumstellung zur Hauptvariante.

Selbstständige Bedeutung hat nur 6. Dd5 In der Fernpartie Bergström — Hagen (1962/63) geschah *6. Dd5 d6 7. Sxe5* (Weiß wollte nicht ein Tempo verlieren nach *... Lc8-e6) 7. ... dxe5! 8. Dxd8+ Sxd8 9. Sc3 c6 10. Le2 Lf5 11. 0—0 Se6 12. b3* (e3-e4 hinterläßt ein häßliches Loch auf d4, wo sich der schwarze Springer einnisten könnte) *12. ... Lb4 13. Lb2 0—0—0* und Schwarz hatte ein etwas angenehmeres Endspiel (*14. a3 Td2!; 14. Tfd1 Lc2*).

6. Le2
Nach 6. ... Lc5 ergibt sich durch Zugumstellung die Hauptvariante des 2. Abspiels.

6. ... g6

Mit diesem Plan — ... Lg7, ... 0—0 und ... d6 — bekommt Schwarz vollwertiges Spiel, wie aus einer Partie zwischen zwei holländischen Großmeistern ersichtlich wird:

Partie Nr. 5

Sosonko — Ree
Amsterdam 1982
1. d4 Sf6 2. c4 e5 3. dxe5 Sg4 4. Sf3 Sc6 5. e3 Sgxe5 6. Le2 g6 7. Sc3 Sxf3+ 8. Lxf3 Lg7 9. Dd2 d6 10. b3 Se5

Ein raffinierter Zug. Nach dem naheliegenden Rückzug 11. Le2 bekommt Schwarz ein aktives Spiel mit *11. ... Dg5! 12. Lf1* (*12. g3? Lh3; 12. 0—0?? Lh3*) *12. ... Lh3!* Der Läufer ist wegen ... Sf3+ tabu, 13. Tg1 scheitert ebenfalls an ... Sf3+, und Schwarz droht mit ... Lxg2. Wir untersuchen nun:

A) 13. f4 Dh4+ 14. Kd1 (14. Df2? Sd3+ 15. Lxd3 Lxc3+ usw.; 14. g3 Sf3+ 15. Kd1 Sxd2 16. gxh4 Lxc3) 14. ... Lg4+ 15. Kc2 Sc6 und nach ...

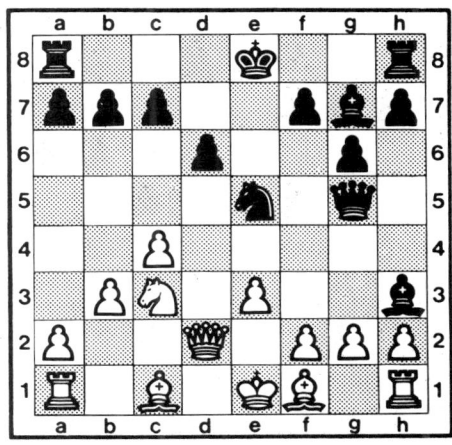

(Analysediagramm)

0—0—0 nebst ... The8 steht Schwarz sehr aktiv.

B) 13. Se4 De7 14. Lb2 (14. f4? Sxc4!) 14. ... 0—0 15. 0—0—0 Ld7 nebst ... Lc6 oder gar ... a5-a4 und Schwarz kann nicht klagen.

Wegen dieser interessanten taktischen Möglichkeit spielte Weiß

11. Lb2!
und nach
11. ... Sxf3+ 12. gxf3 0—0 13. 0—0—0 Lh3
hielten sich die Chancen die Waage.

14. Thg1 Le6 15. Se4 f5 16. Sg5 Lxb2+ 17. Dxb2 Df6 18. f4 Dxb2+ 19. Kxb2 Lf7 20. c5! dxc5 21. Td7 Tad8!

Das Endspiel nach 22. Txc7 Td2+ 23. Ka3 b5! ist gut für Schwarz.

22. Tgd1 Txd7 23. Txd7 h6 24. Sf3 Tc8 25. Se5 Le8 26. Te7 Kf8 27. Th7 Kg8 28. Te7 Kf8 29. Th7 Kg8

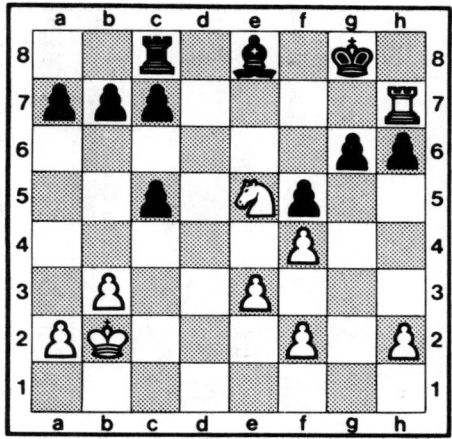

Keine der Seiten kann ihre Chancen verbessern.

Remis, und zwar ein kämpferisches, was man heutzutage bei Großmeistern leider nicht immer sieht.

Zusammenfassung:

Schwarz schlägt im 5. Zug am besten mit seinem Königsspringer auf e5 zurück. Danach erlangt er mit dem Aufbau . . . g6 und . . . Lg7 ein vollwertiges Spiel.

Abschnitt C

Hatte Schwarz im Abschnitt 1 A (nach 5. . . . Lb4 +) noch einige Probleme, so ist der Ausgleichsweg aus dem Abschnitt 1 B (. . . Sgxe5/ . . . g6 usw.) recht einfach. Als letzte Möglichkeit für Weiß kommt der Verzicht auf das ruhige e2-e3 in Frage, zugunsten der schärferen Fortsetzung 5. Lg5:

1. d4 Sf6 2. c4 e5 3. dxe5 Sg4 4. Sf3 Sc6 5. Lg5 Le7

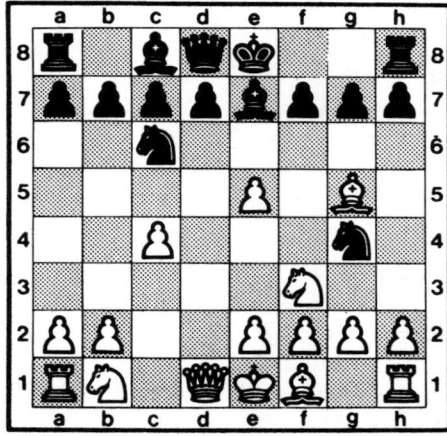

Außer dem Abtausch auf e7 ist noch 6. Lf4 möglich, was nach . . . Lb4 + zu einer Stellung führt, die im 2. Kapitel ausführlich untersucht wird.

Andere Züge kommen kaum in Betracht:

6. h4 h6 7. Lxe7 (also doch!) . . . Dxe7. Der Einschub der Züge h7-h6 und h2-h4 ist eher für Schwarz günstig: Beide Seiten haben sich ein „Luftloch" verschafft, aber Schwarz kann zusätzlich das Feld g4 für spätere Operationen nutzen.

6. Ld2 0—0 7. Lc3 Lc5 8. e3 De7 9. Dd5 Te8 nebst Sgxe5 und . . . d6 und einem bequemen Spiel für den Nachziehenden.

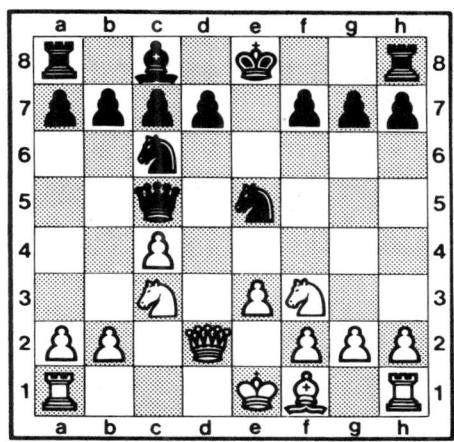

(Stellung nach 8 . . . Sgxe5)

6. Lxe7 Dxe7 7. Sc3

Ein giftiger Zug. Die schwedischen Meister Schüssler und Wedberg geben nun an:
7. . . . Scxe5? 8. Sd5 Dc5 9. e3 Sxf3 + 10. gxf3! Se5 11. f4 Sg6 12. b4! Dc6 13. Dd4 mit Gewinnstellung für Weiß.

Mit folgendem präzisen Zug gleicht Schwarz jedoch sofort aus:
7. . . . Dc5! 8. e3 Sgxe5

(Siehe nächstes Diagramm)

Schüssler und Wedberg analysieren nun:

A) 9. Sd5 0—0! 10. Dd2 (nicht 10. Sxc7? wegen Figurenverlust nach . . . Da5+) 10. . . . Sxf3+ 11. gxf3 Se7 12. Dd4 (12. b4 Dd6 und Weiß wird sowieso einmal auf e7 tauschen müssen; danach kann aber Schwarz mit . . . a5 aktiv vorgehen) 12. . . . Dxd4! 13. Sxe7+ Kh8 14. exd4 Te8 mit Rückgewinn der Figur und einem besseren Endspiel für Schwarz wegen der schlechten weißen Bauernstruktur.

B) 9. Dd5 De7 10. Dd2 d6 11. Sd5 Dd8 12. 0—0—0 0—0 nebst . . . Le6 mit Ausgleich.

Wem diese ruhige Stellung nicht gefällt, der kann noch auf einen Vorschlag des Ungarn Kapostasz zurückgreifen, der anstatt 8. . . . Sgxe5 für
8. . . . 0—0
plädiert, und folgende Variante angibt:
9. Dd5 Db4! 10. Db5 Te8 11. Sd4 De7

Ebenfalls mit Ausgleich, aber mit vollblutigem Spiel für beide Seiten. Prüfenswert sind die Verwicklungen nach 12. Sd5 Dxe5 13. Sf3 Dd6 14. Td1 (drohend c4-c5) . . . a6 15. Da4 Sce5. Jedenfalls ist 16. b4 wegen . . . b5! 17. cxb5 Lb7 eher für Weiß gefährlich, dessen König sich in der Brettmitte nicht sicher fühlen kann. Hier müssen weitere Erfahrungen abgewartet werden.

Damit wäre die Untersuchung des ersten Abspiels der Springervariante abgeschlossen. Im zweiten Abspiel wollen wir uns der schärferen Variante 4. . . . Lc5 widmen.

2. Abspiel:

1. d4 Sf6 2. c4 e5 3. dxe5 Sg4 4. Sf3 Lc5 5. e3 Sc6

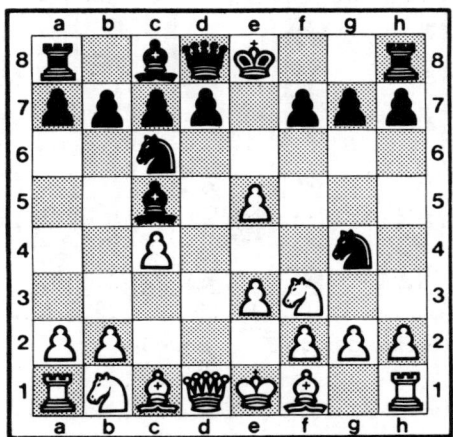

Wir prüfen nun:

6. Dd5   **Abschnitt A**
6. a3   **Abschnitt B**
6. Le2   **Abschnitt C**

Andere Möglichkeiten:

A) 6. Ld2 0—0 7. Lc3 De7 8. a3 a5 oder 8. Dd5 Te8 und Ausgleich nach dem üblichen Schema . . . Sgxe5, . . . d6 und . . . Le6.

B) 6. b3 d6! (hier ausnahmsweise gut, weil 7. exd6?? an . . . Df6 scheitert) nebst . . . Sgxe5 und Übergang in die Variante mit Le2 (Abschnitt C).

Abschnitt A

6. Dd5 De7
Folgende Erfahrungen sind gemacht worden:

A) **7. Sc3** Sgxe5 8. Le2 d6 9. Se4 Le6 10. Dd1 Lb4+ 11. Ld2 0—0—0 12. Lxb4 Sxb4 13. Db3 Sxf3+ 14. Lxf3 d5 mit besserem Spiel für Schwarz in der Partie Adler — Maroczy, Budapest 1896.

Die Möglichkeit Lc5-b4+ kann durch Einschub von a2-a3 ausgeschaltet werden:

B) **7. a3 a5** und nun:

b1) **8. Ld2** 0—0 9. Lc3 Te8 10. Le2 Sgxe5 11. 0—0 d6 und nach . . . Le6 steht Schwarz gut.

b2) **8. Sc3** ist kritisch.

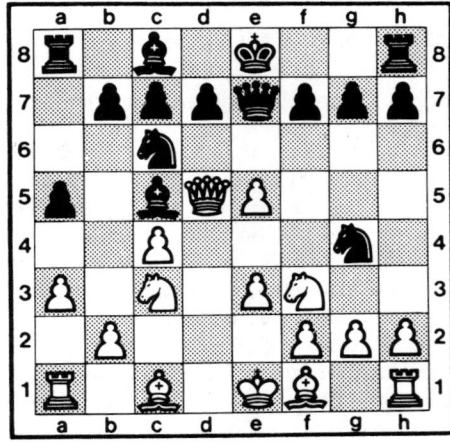

8. . . . Sgxe5 9. Se4 d6 10. Sxe5 Sxe5
11. Sxc5 dxc5. Soweit der Internationale
Meister Minev in der „Schachenzyklopä-
die" nach einer Analyse der Partie Popow
— Tomow, Bulgarien 1959. Minev glaubt
an gutes Gegenspiel des Schwarzen, führt
jedoch leider keine Beispiele auf. Es
könnte folgen 12. Le2 0—0 13. 0—0 Td8
14. De4 Df6. Soweit sicher ein natürlicher
Verlauf. Nach 15. f4 Sc6 (drohend . . . Lf5)
16. g4 ist das „gute schwarze Gegenspiel"
nicht zu erkennen.

Folgende Variante scheint für Schwarz
chancenreich zu sein:
8. . . . 0—0! Der Be5 läuft ja nicht weg;
zuerst wird die Entwicklung vorange-
trieben. 9. Se4 b6 10. Sxc5 bxc5 11. Le2
(11. b3 Tb8 12. Tb1 Lb7 drohend . . . Sd4)
11. . . . Lb7 12. 0—0 Tfb8 (es droht wie-
derum . . . Sd4) 13. Dd1 Scxe5 —
Schwarz tauscht gerne Leichtfiguren und
drückt gegen den Bc4 und auf der b-Linie.

Wir haben gesehen, daß der Ausfall
Dd1-d5 bei genauem Spiel von Schwarz
sich oft als Tempoverlust erweist.

Abschnitt B

1. d4 Sf6 2. c4 e5 3. dxe5 Sg4 4. Sf3 Lc5 5. e3 Sc6 6. a3 a5 7. b3

Diese frühzeitige Entwicklung des weißen
Damenläufers ist durch die Einschaltung
der Züge a2-a3 und a7-a5 möglich; ansonsten käme . . . d7-d6! — vergl. Anmerkung
B) zu diesem Abspiel.
Hier wäre 7. . . . d6? sinnlos: 8. exd6 Df6
9. Ta2.

7. . . . 0—0 8. Lb2 Te8 9. Sc3

Daß Schwarz nach 9. Dd5 De7 nebst . . .
Sgxe5/ . . . d6 und . . . Le6 gutes Spiel
erlangt, ist anhand der bereits analysierten
vergleichbaren Beispiele einleuchtend.

9. . . . Sgxe5 10. Sxe5
Nur Zugumstellung bedeutet 10. Le2
Sxf3 + 11. Lxf3 Se5 12. Le2

10. . . . Sxe5 11. Le2 d6
Ein natürlicher und guter Zug. Die sensatio-
nelle Niederlage des schwedischen IM
Akesson nach 11. . . . Ta6?! finden Sie in
der Folge als Partie Nr. 6.

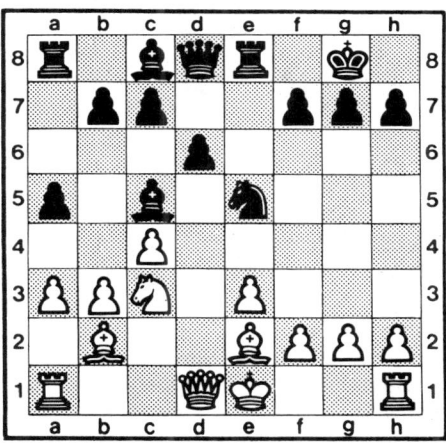

Nun ist 12. Sa4 wegen . . . Dg5! nicht gut
— wir erinnern uns an die Partie Nr. 5
(Sosonko — Ree). Hier kann es schlimmer
kommen: 13. 0—0? Lh3 mit Qualitätsge-
winn; 13. g3 Lh3 mit Vorteil für Schwarz;
und vor allem 13. Lf1? Lxe3!! 14. fxe3
Dxe3 + und gewinnt:
A) 15. De2 Sd3 + 16. Kd1 Lg4 17. Dxg4
Sf2 +
B) 15. Le2 Sd3 + nebst Matt oder
Damengewinn.

12. 0—0
Dies ist die Hauptvariante dieses
Abschnitts. IM Minev fährt in der „Enzyklo-
pädie der Schacheröffnungen" mit 12. . . .
Lf5 fort und weist einen leichten weißen
Vorteil nach. Der Amerikaner Josef Staker,

der Autor von „The Budapest Defense" (Chess Digest 1982), schlägt folgende Verbesserung vor:

12. . . . Te6!?

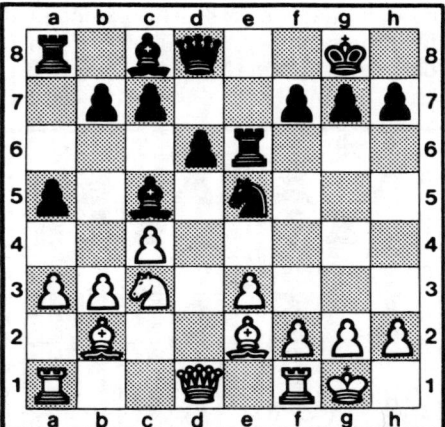

Weiß hat etwas Übergewicht im Zentrum und am Damenflügel, dafür aber fehlt es an Verteidigern seines Königs. Daher strebt der schwarze Turm nach h6, um, evtl. in Verbindung mit . . . Dh4, dort einen Königsangriff zu starten.

Wir untersuchen:

A) 13. Sd5
B) 13. g3
C) 13. Sa4

Variante A)   13. Sd5 Th6

Zur Demonstration der Gefährlichkeit der schwarzen Initiative dient folgendes Beispiel: *14. b4? Dh4*
(Josef Staker gibt an: 14. . . . axb4 15. axb4 Txa1 16. Dxa1 Dh4 17. h3 Lxh3 mit Gewinn; dies ist wohl ein Versehen in diesem sonst guten Werk, denn Weiß setzt mit Da8 Matt!)

15. h3 Lxh3 16. g3 Tg6 17. Sf4 Lxe3! *18. Kh1* (18. Sxg6 Dxg3 +; 18. fxe3 Dxg3 + nebst . . . Lg2 + und Matt) *18. . . . Lxf4!* und Schwarz setzt Matt in allen Varianten, am schönsten nach *19. gxh4 Lg2 + 20. Kg1 Sf3 + 21. Lxf3 Lxf3 Matt.* Dieser Sturmsieg ist natürlich auf den Fehler 14. b4? zurückzuführen; ein solcher Fehler kann in einer Partie bei nicht sehr starken Turnieren durchaus vorkommen.

14. g3 Lh3 15. Te1

Nach 15. . . . Dd7 kann folgen:

A) 16. Lf1? Lg4 17. Le2 Lxe2 18. Dxe2 Dh3 mit Vorteil für Schwarz (19. f4 Sd3!! 20. Dxd3 Dxh2 + nebst . . . Dxb2; 20. Tf1 Sxb2 21. Dxb2 Lxe3 +).

B) 16. Sf4 g5! ist auch gut für Schwarz.

C) In der Partie Gould — Hardy, Leicester 1968, folgte 16. Lxe5 dxe5 17. Lf1 (. . . Lxf1?? scheitert natürlich an 18. Sf6 + mit Damengewinn) und nun gibt Staker 17. . . . Te8 mit Ausgleich an. Chancenreich erscheint 17. . . . c6 nebst . . . Td6 und . . . Td8.

D) 16. b4! La7 (16. . . . Lg2? ist nur ein Schreckschuß — 17. Sf4!) 17. Sf4 Te8 18. Ld4 ist jedoch gut für Weiß.

15. . . . c6!? 16. Sf4
16. . . . Dd7 17. b4! (17. . . . axb4 18. axb4 Txa1 19. Dxa1 Lxb4 20. Sxh3 drohend Da8 Matt). 16. . . . Dc8 ist vielleicht spielbar.

16. . . . Lf5
Mit verteilten Chancen. Weiß muß die schwarzen Möglichkeiten wie . . . Dc8, . . . g5 und . . . Le4 im Auge behalten.

Variante B) 13. g3
Dieser Zug ist ungeprüft. Nach 13. . . . Th6
14. Sd5 ergibt sich die vorherige Variante
Weiß kann auch
14. Se4
spielen, worauf Schwarz
14. . . . Dd7
antworten muß, sonst geht nach Sxc5 und
Lxe5 eine Figur verloren. Nun droht er aber
. . . Dh3. Nach 15. Lxe5 Dh3 16. g4 dxe5
17. Dd8 + Lf8 gewinnt Schwarz, ebenso
wie nach 15. Sxc5 Dh3. Es bleibt noch
15. h4
zu untersuchen. Schlecht ist 15. . . . Lb6?
16. c5!; 15. . . . Dh3? 16. Lxe5.
15. . . . La7
Schwarz scheint damit die Balance zu halten: 16. c5 Dc6 17. Lxe5 Dxe4, oder
17. cxd6 Dxe4 18. Lxe5 Dxe5 19. d7 Lxd7
20. Dxd7 Lxe3!

Variante C) 13. Sa4 b6!?

Diesem Motiv werden wir auch im
3. Abschnitt begegnen — Schwarz hält
das Gleichgewicht aufrecht.
Der Versuch, den scheinbar eingeschlos-
senen Läufer mittels b3-b4 zu erobern,
stößt auf energischen Widerstand: 14. Lc3
Ld7!
A) 15. b4? Lxa4! 16. Dxa4 axb4
B) 15. Sb2 Th6 16. g3 Lc6 17. b4 Dc8!
    mit der tödlichen Drohung . . . Dh3.

**14. Sxc5 bxc5 15. f4 Sd7 16. Lf3 Tb8
17. Dd3**
Noch schlechter wäre 17. e4 a4

17. . . . a4!
Schwarz steht besser. Der Umstand, daß
die Züge a2-a3 und a7-a5 eingeschaltet
wurden, wirkt sich hier augenscheinlich
zugunsten des Nachziehenden aus, der
einen starken Druck auf der b-Linie ausübt.
Nach 18. Ld1 De7 19. Te1 Lb7 ist Schwarz
in Vorteil.

Abschnitt C

Der letzte Abschnitt dieses Abspiels befaßt
sich mit der ruhigsten Fortsetzung:

**1. d4 Sf6 2. c4 e5 3. dxe5 Sg4 4. Sf3
Lc5 5. e3 Sc6 6. Le2 Sgxe5 7. 0—0
0—0 8. Sxe5**
Oder 8. b3 Sxf3 + 9. Lxf3 Se5 10. Le2
ergibt Zugumstellung.
8. . . . Sxe5 9. b3 Te8 10. Sc3

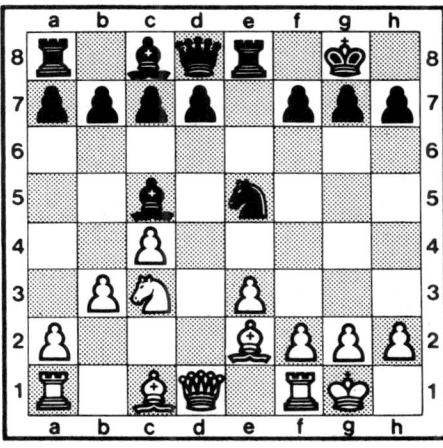

Die Hauptvariante lautet 10. . . . d6. Die
Alternative 10. . . . a5 wird in der nachfol-
genden Partie diskutiert, zu der einige
Worte erlaubt seien.

Im August 1984 fand in Berlin ein sehr stark
besetztes internationales offenes Turnier
statt. Unter den vielen teilnehmenden Titel-
trägern befand sich auch der ehemalige
Jugend-Europameister, der schwedische
Internationale Meister Ralf Akesson. Akesson belegte bei der ersten Auflage dieses
Turniers (1983) den zweiten Platz hinter
dem Sieger Hort, und er zählte deshalb zu
den Anwärtern auf einen der Preise. Doch
Akesson verlor seine Chancen durch einen

absolut unerwarteten Verlust gegen die
weniger bekannte, französische Spielerin
Nicole Tagnon — im Budapester Gambit.

Partie Nr. 6

Akesson — Tagnon
„Berliner Sommer 1984"
1. d4 Sf6 2. c4 e5 3. dxe5 Sg4 4. Sf3
Lc5 5. e3 Sc6 6. Le2 0—0 7. 0—0 Te8
8. Sc3 Sgxe5 9. b3 a5 10. Lb2 Sxf3 +
11. Lxf3 Se5
Durch eine der vielen Zugumstellungen
haben wir die Ausgangsstellung dieses
Abschnitts erreicht, mit dem Plan . . . a5.
12. Le2 Ta6

Nicole Tagnon

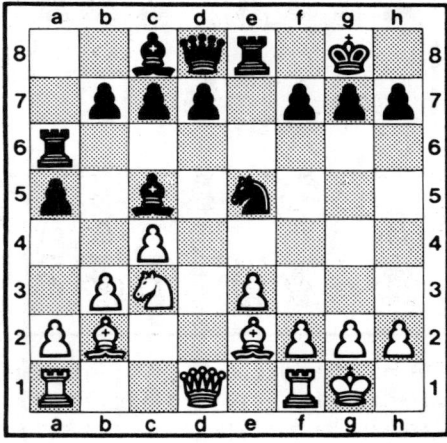

Schwarz plant den Schwenk des Turmes
auf den Königsflügel, um ihn dort zum
Angriff einzusetzen. Die Drohung . . . Th6
nebst . . . Dh4 erfordert energische Maßnahmen, und der Schwede zeigt sich
zuerst voll auf der Höhe des Geschehens:
13. Dd5! De7 14. Se4 La7 15. c5 Tg6
16. Tac1 Lb8 17. f4 Sg4 18. Lxg4 Txg4
Mit 19. Sf2! konnte Weiß die exponierte
Turmstellung einfach ausnutzen (19. . . .
Dxe3?? 20. Ld4 Dxf4 21. Sxg4 Dxg4
22. Dxf7 +) und seinen Positionsvorteil

ausbauen (19. . . . Tg6 20. f5). Das folgende Bauernopfer sollte nur zum Remis
reichen:
19. Sg5? Dxe3 + 20. Kh1 Txf4 21. Sxf7
c6 22. Sh6 + + Kh8
. . . und Remis durch Dauerschach,
könnte man meinen. Aber Akesson will
sich damit nicht zufriedengeben . . .
23. Dh5?
und unterschätzt die schlagfertige Antwort
seiner Gegnerin:
23. . . . Tef8!
Und aus ist es! So scheitert z.B. 24. Tfe1 an
. . . Dxe1 + und . . . Tf1 + nebst Matt,
oder 24. Tg1 an der Partiefortsetzung.
24. Txf4 Dxf4 25. Tg1 d5 26. cxd6 e. p.
Lxd6
Der Sh6 bleibt angenagelt und Weiß gehen
die Züge aus.
27. Lc1
Oder 27. La1 (27. Lc3) . . . b6 nebst . . .
Lc5 mit erneuter Bedrohung der weißen
Grundreihe (29. Te1 Df1 +).
27. . . . De5
Weiß gab auf.

*Kommentar nach den Anmerkungen von
Claus-Dieter Meyer in der Fachzeitschrift
SCHACH MAGAZIN 64, Ausgabe 19/84.*

Diese Partie machte zwar ein großes Aufsehen, doch der Verlust des Weißen sagt nichts aus über die Güte des Planes mit . . . a5. Es sieht vielmehr ganz danach aus, als ob . . . a5 nicht vollwertig sei. Es ist jedoch wichtig, sich mit dieser Idee vertraut zu machen. In den praktischen Partien kommt immer wieder vor, daß Weiß irgendeinen harmlosen Zug macht, und dann können Sie sehr wohl diese Idee anwenden. Denkbar und praxisbezogen ist z.B., daß Weiß (statt Sb1-c3) Sb1-d2 zieht; dann ist . . . a5 nebst . . . Ta6-h6 sehr stark.

Angenommen, Weiß zieht jedoch richtig Sb1-c3. Wir kehren deshalb zu der Hauptvariante zurück.

10. . . . d6

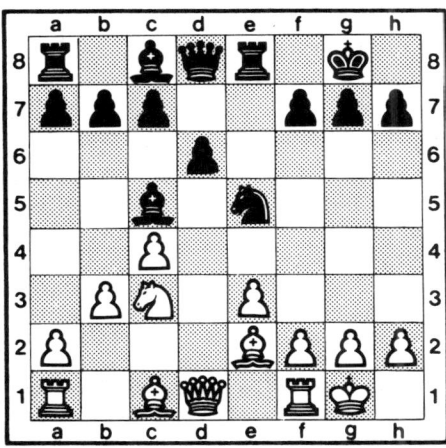

In der Praxis kamen zwei Pläne vor:

A) 11. Lb2
Weiß setzt seine Entwicklung ruhig fort.

B) 11. Sa4
Weiß will sich des Lc5 entledigen.

Variante A)   11. Lb2 Te6
Erinnert stark an den vorherigen Abschnitt. Es ist in der Tat eine identische Stellung, nur sind die Züge a2-a3 und a7-a5 nicht geschehen. 12. Sa4 führt zu Variante B), und ansonsten verläuft das Spiel wie in dem Abschnitt B. Der einzige Unterschied dürfte in
12. g3
zu finden sein. Hier wäre 12. . . . Th6 schlecht wegen 13. Se4, da der Lc5 sich nicht — analog der Variante aus dem zweiten Abschnitt — nach a7 zurückziehen kann.
Was soll also Schwarz spielen? Vielleicht geht sogar der Rückzug 12. . . . Te8 nebst 13. . . . Lh3, vielleicht auch 12. . . . b6 nebst 13. . . . Lb7. Zu diesen Varianten wird man zurückkehren müssen, wenn sich der nachfolgende Vorschlag nicht bewähren sollte.
12. . . . Dd7!?

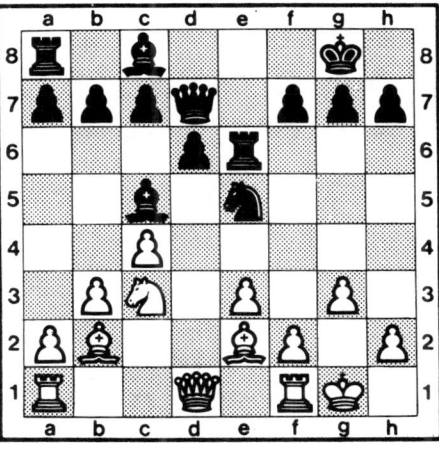

Die Tricks nach 13. Se4 Th6 kennen wir bereits aus dem 2. Abschnitt.
Wir schauen uns ferner eine „Falle" an — eine Grube, in die Weiß selber hineinfällt.
13. f4 Lxe3 + 14. Kh1 (mit der Absicht 14. . . . Dc6 + 15. Sd5 Sd7 16. Lf3 oder

14. ... Sc6 15. Lg4) 14. ... Th6! und gewinnt nach ... Txh2+ und/oder ... Dh3+.

Der Zug ... Dd8-d7 wirkt zwar zunächst etwas komisch, aber ist bei näherem Hinsehen logisch: ... Th6/ ... Dh3 ist ja die ideale (angestrebte) Aufstellung.
Aus Mangel an praktischem Material wird hier eine denkbare Variante „konstruiert":

13. Lf3 Sxf3+ 14. Dxf3 Th6 15. Dg2 Dg4
Mit ... Dh5 und ... Lh3 (nach Tf1-e1 natürlich ... Lg4) bekommt Schwarz aktives Spiel.

In allen wirklich gespielten Partien beschloß Weiß Sa4 zu ziehen, um das schwarze Läuferpaar zu liquidieren und dem Nachziehenden die Bauernstruktur zu verschlechtern.

Variante B)   11. Sa4

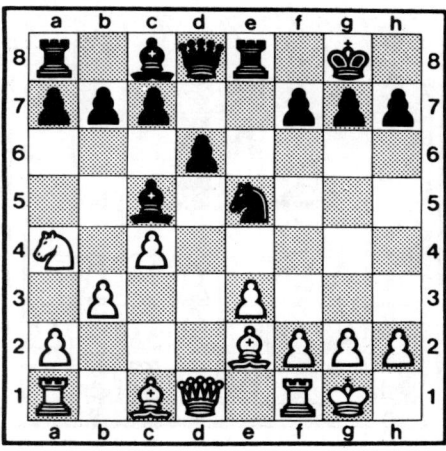

Nach 11. ... Lb6 12. Sxb6 axb6 13. Dd2 ist die weiße Stellung in der Tat etwas angenehmer. Der Anziehende hat viele Möglichkeiten, so z.B. den Plan Lc3, Db2, oder Tae1, e3-e4 und f2-f4.

Die schwarzen Aktien stiegen wieder, als vor sieben Jahren folgende Partie veröffentlicht wurde, in der Schwarz eine höchst originelle strategische Idee brachte:

Partie Nr. 7

Osnos — Jermolinski
Leningrad 1977
1. d4 Sf6 2. c4 e5 3. dxe5 Sg4 4. Sf3 Lc5 5. e3 Sc6 6. Le2 Sgxe5 7. Sxe5 Sxe5 8. 0—0 0—0 9. Sc3 d6 10. b3 Te8 11. Lb2 a5 12. Sa4 b6!? 13. Sxc5 bxc5 14. f4 Sd7 15. Lf3 Tb8

Durch das Spiel auf den beiden halboffenen Linien wird Schwarz für das gegnerische Läuferpaar entschädigt. Die verdoppelten Bauern sind hier überhaupt keine Schwäche.
16. Dd2 a4 17. bxa4?
Danach kommt Schwarz in Vorteil. Besser war 17. Dc3 f6 18. Lc6 axb3 19. axb3 Lb7 mit unklarer Stellung.

17. ... Sb6 18. Tac1 La6 19. Le2 Te4 20. Tf3 Sxc4 21. Lxc4 Lxc4 22. Tg3 f6 23. h3 Lf7 24. a5 c4 25. Dc2 d5 26. Dc3 c5 27. Dxf6 Dxf6 28. Lxf6 g6 29. Td1 Ta8 30. Lc3 Td8
Gegen den Durchbruch d5-d4 ist kein Kraut gewachsen. Weiß versucht noch im trüben zu fischen.

31. a6 Ta8 32. h4 Txa6 33. h5 Ta3 34. hxg6 hxg6 35. Le5 d4 36. Th3 Txe5 37. fxe5 d3 38. e4 Txa2 39. Tf3 Te2 40. Tdf1 d2 41. Txf7 Te1
Der schwarze König versteckt sich nach den Turmschachs auf h6. Nach 42. Td7 c3 nebst ... c2 setzen sich die Freibauern durch.
Weiß gab auf.

Damit wäre die Untersuchung des Springersystems, der meistgespielten Variante des Budapester Gambits, beendet.

2. Kapitel – Das Läufer-System

1. d4 Sf6 2. c4 e5 3. dxe5 Sg4 4. Lf4

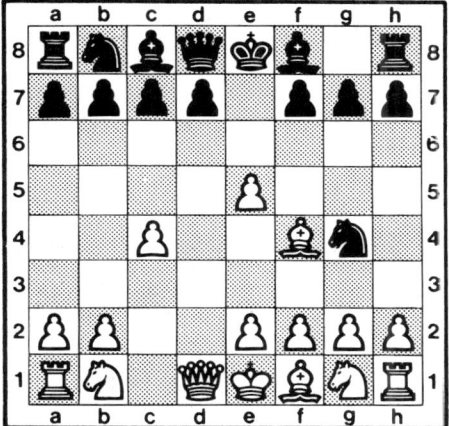

Im ersten Kapitel haben wir gesehen, daß der weiße Damenläufer auf der Diagonale a1-h8 (nach der Entwicklung b2-b3 und Lc1-b2) nicht allzuviel ausrichten konnte. Im 2. Kapitel befassen wir uns mit einem System, in dem Weiß diesen Läufer sofort und auf ein anderes Feld entwickelt.

Auch in der Läufervariante folgt Schwarz am besten dem **Hauptschema des Budapester Gambits.** Dieses Schema läuft in vier Stufen ab:

1. **Der Königsläufer zieht nach c5 oder nach b4.**
   Er macht Platz für die Rochade, und ermöglicht die spätere Entwicklung . . . De7.

2. **Der Damenspringer zieht nach c6.**
   Der Be5 wird zurückerobert, evtl. erst

nach Einschaltung der Züge . . . 0—0, De7 und Te8.

3. **Es folgt De7 und/oder Rochade.**
   Die Schwerfiguren gehören auf die e-Linie.

4. **Mit . . . d6 und einem Zug des Lc8 wird die Entwicklung beendet.**

Zum Punkt 1: In der Springervariante gehört der Königsläufer nach c5 oder nach g7; die Entwicklung . . . Lb4 ist gerade noch spielbar. In der Läufervariante gehört der Königsläufer immer nach b4!
Dies wollen Sie bitte zunächst glauben; die Beweise folgen gleich. Damit wäre das weitere Vorgehen des Schwarzen klar: der Läufer zieht nach b4, der Springer nach c6, die Dame nach e7, dann rochieren und . . . spielen.

Das Material gliedert sich wie folgt:

1. Abspiel:
4. . . . g5?:
Hier wird eine kaum korrekte Variante „abgeschossen".

2. Abspiel:
4. . . . Sc6 5. Sf3 Lb4 + 6. Sbd2
Weiß sorgt sich um seine Bauernstruktur und erlaubt nicht die Bildung eines Doppelbauern auf der c-Linie.

3. Abspiel:
4. . . . Sc6 5. Sf3 Lb4 + 6. Sc3
Doppelbauer gegen das Läuferpaar — was setzt sich durch?

1. Abspiel

1. d4 Sf6 2. c4 e5 3. dxe5 Sg4 4. Lf4 g5?

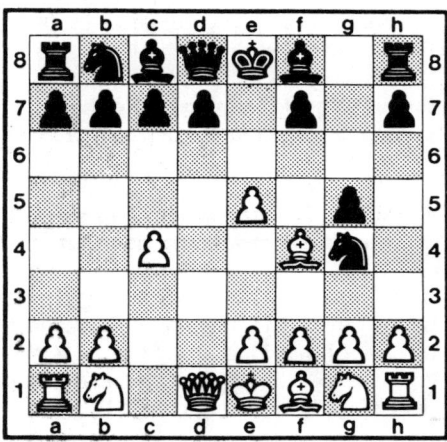

Dieser Zug wurde wiederholt gespielt, obwohl er nicht nur den allgemeinen strategischen Grundsätzen widerspricht, sondern auch der Strategie des Budapester Gambits, die vereinfacht ausgedrückt lautet: *Gesunde Entwicklung mit Zentralisierung eines Springers auf e5.*
Der Zug 4. . . . g5 schafft im schwarzen Lager irreparable Schwächen, und er wäre nur durch taktische Umstände gerechtfertigt. Diese sind jedoch nicht gegeben: Weiß hat ja keine Schwächen.

Es gibt eine Vielzahl von guten Fortsetzungen für Weiß. Dieses Buch ist nicht nur für die Anhänger des Budapester Gambits gedacht, sondern auch für die 1. d4-Spieler. Für die erste Gruppe wird also ein Beispiel zur Abschreckung, für die zweite Gruppe eine zuverlässige Bekämpfungsmethode geliefert.

5. Ld2! Sxe5
5. . . . 'Lg7 6. Lc3 Sxe5 ergibt durch Zugumstellung die Hauptvariante. 6. . . . Lxe5 7. Sf3 Lxc3+ 8. Sxc3 ist augenscheinlich für Weiß günstig.
6. Lc3 Lg7 7. e3

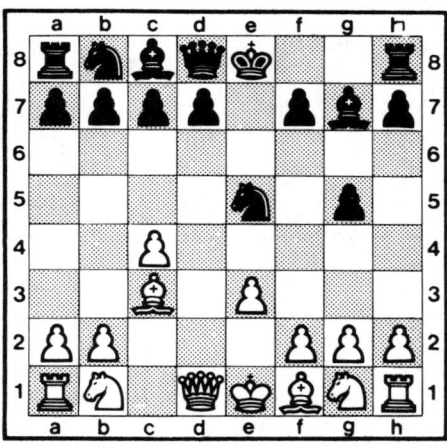

Es droht vor allem f2-f4 mit Figurengewinn. In allen bekannten Partien zog Schwarz nun 7. . . . g4. Die einzige Ausnahme bildet die Partie

Lorenz — Greger, BRD 1975:
7. . . . 0—0 8. h4 g4 9. Se2 d6 10. Sg3 Sbc6 11. Dc2 f5 (gegen Sg3-f5 gerichtet) *12. Sh5 Lh8 13. Sd2 Le6 14. f4 Sg6* (*14. . . . gxf3 e. p. 15. gxf3 nebst Le2, 0—0—0 und Tdg1 erscheint sehr riskant für Schwarz.) 15. Lxh8 Sxh8* (*15. . . . Kxh8?? 16. Dc3+ usw.) 16. Dc3 De7 17. 0—0—0 Sg6 18. Ld3 Tae8* (*18. . . .*

26

Sxh4?? 19. Txh4) *19. e4 Tf7 20. Tde1
Sxh4* (20. . . . Df8 21. exf5 Lxf5 22. Txe8 +
Dxe8 23. Lxf5 Txf5 24. Sf6 +) *21. g3 fxe4*
(21. . . . Sg6 22. exf5 — wie vor) *22. Sxe4
Sf3 23. Sef6 + Kf8 24. Sd5 — 1:0.*

7. . . . g4 8. Se2 d6 9. Sf4 h5
Verhindert Sh5, das sehr störend sein
kann, wie wir soeben gesehen haben.
10. Dc2

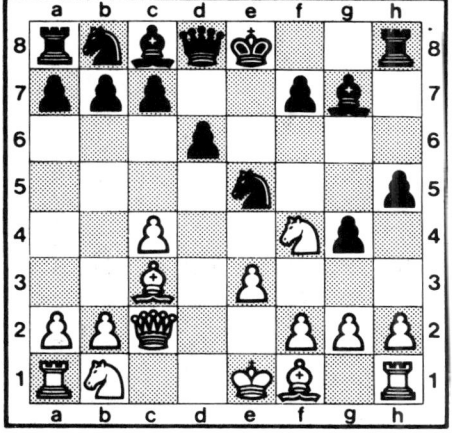

Hierzu zwei Beispiele:

Henneberke (Niederlande) —
Bakonyi (Ungarn)
Länderkampf 1949
10. . . . Sa6 11. Sd2 Sc5 12. Se4 b6
13. Sxc5 bxc5 14. Ld3!
mit Vorteil für Weiß. Schwarz kann wegen
der Schwäche h5 nicht rochieren. Weiß
spielt Ld3-e4, 0—0—0 und h2-h3.

Josef Staker schlägt in seinem Buch „The
Budapest Defense" eine Verbesserung
vor:
10. . . . Dg5 11. Sd2 Lf5

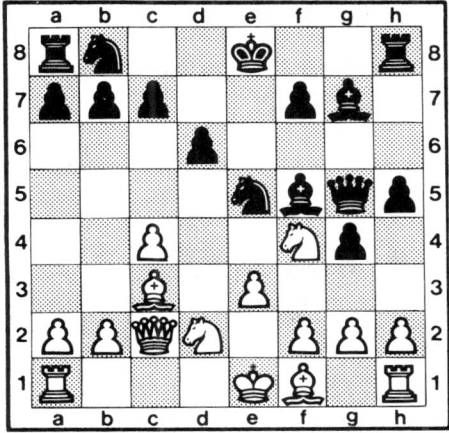

Der Autor fährt nun mit 12. e4(?) Le6 fort
und schätzt die Stellung — wohl richtig —
als offen ein. Aber Weiß kann besser fortsetzen:

12. Db3 b6 13. c5! 0—0
Der einzige vernünftige Zug. Es verliert
sowohl 13. . . . bxc5?? 14. Db7, als auch
13. . . . dxc5? 14. Lxe5 Lxe5 15. Dd5.
14. cxd6 cxd6 15. h4
Der Bauerngewinn nach 15. Dd5 Sbc6
16. Dxd6 Tad8 wäre sehr fraglich.
15. . . . Dh6
15. . . . gxh3 e. p. 16. Sxh3 kann nicht gutgehen.
16. g3 Sbc6 17. Lg2 Tac8 18. 0—0

Weiß steht deutlich besser. Seine Königs-
stellung ist bombensicher, alle seine Figuren stehen gut. Im schwarzen Lager sind
zwei dauerhafte Schwächen auszuma-
chen (h5 und d6); die letztere wird durch
die weißen Türme auf der d-Linie bald aufs
Korn genommen. Der Sd2 wird nach e4
ziehen. Der weitere Verlauf ist das „Spiel
auf ein Tor".

2. Abspiel

1. d4 Sf6 2. c4 e5 3. dxe5 Sg4 4. Lf4 Sc6 5. Sf3 Lb4 + 6. Sbd2 De7

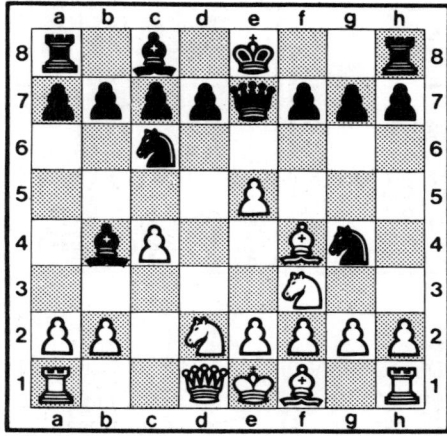

Hier spielt Weiß fast immer 7. a3. Nach der ruhigen Fortsetzung
7. e3
geben Schüssler und Wedberg eine überzeugende Ausgleichsvariante an:
7. ... Sgxe5 8. Sxe5
8. a3 Sxf3 + 9. gxf3 Lxd2 + 10. Dxd2 d6 11. Tg1. Soweit die Partie van Scheltinga — Adema, Niederlande 1938. Mit 11. ... Se5 12. Le2 f6 gefolgt von Ld7-c6 erreicht Schwarz völlig befriedigendes Spiel.
8. ... Sxe5 9. Le2
9. a3 — siehe folgende Hauptvariante dieses Abspiels.
9. ... d6 10. 0—0 0—0 11. Sb3
Oder 11. Sf3 a5 nebst ... Lc5 mit Ausgleich.
11. ... b6! 12. a3 Lc5

Mit gleichem Spiel nach 13. Sd4 a5, oder nach 13. ... Sxc5 bxc5 nebst ... a5, ... f6, ... Le6 und Spiel auf der b-Linie. Wir erinnern uns, daß wir dieses Motiv schon

mehrfach gesehen haben, z.B. in der Partie Nr. 7.
Wenn Weiß sofort 14. b4 spielt, so muß Schwarz ... Sd7! antworten, nebst ... a5 und gutem Spiel.

Wir kommen nun zu der Hauptvariante dieses Abspiels:

1. d4 Sf6 2. c4 e5 3. dxe5 Sg4 4. Lf4 Sc6 5. Sf3 Lb4 + 6. Sbd2 De7 7. a3

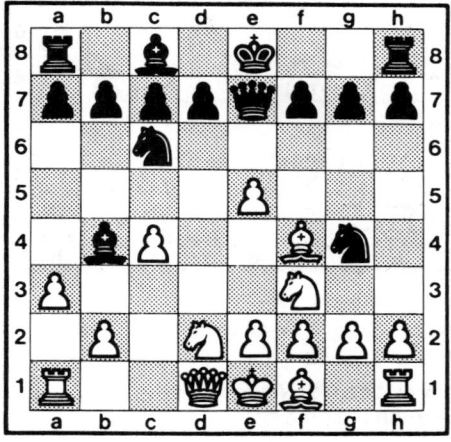

7. ... Sgxe5!
Die weltberühmte „Kieninger-Falle". Der spätere Deutsche Meister Georg Kieninger wandte sie einmal in einer freien Partie gegen Godai in Wien 1925 an. Es folgte 8. axb4?? Sd3 Matt! Dieses Beispiel wurde fortan in allen möglichen Schachbüchern zitiert, allerdings auch unter anderen Namen, denn in die „Kieninger-Falle" sind später noch viele weitere Spieler hereingefallen.

8. Sxe5 Sxe5

Wiederholte Einladung zum „Selbstmatt" nach 8. axb4?? Sd3.

9. e3

Oder 9. Lxe5 Lxd2 + (jetzt muß Schwarz schon tauschen, denn er hat keinen Springer mehr zum Mattsetzen auf d3!) 10. Dxd2 Dxe5 mit Ausgleich:

A) 11. e3 b6 12. Le2 Lb7 13. 0—0 0—0—0

B) 11. g3 0—0 12. Lg2 Te8 13. e3 d6 14. 0—0 Le6 (15. Lxb7? Tab8 nebst . . . Txb2; 14. Tac1 =).

9. . . . Lxd2 + 10. Dxd2 d6 11. Le2 0—0 12. 0—0 b6!?

Ebenfalls spielbar ist 12. . . . a5, was der Ungar Kapostasz wiederholt spielte. Der Textzug erscheint genauer; Schwarz legt sich noch nicht fest und beendet zunächst seine Entwicklung.

13. b4 Lb7

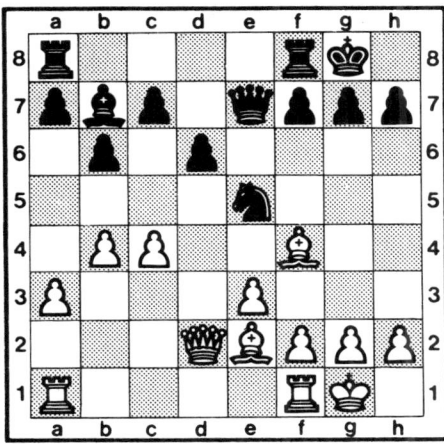

Zu dieser Stellung gibt es zwei Beispiele aus internationalen Turnieren der letzten Zeit:

Carlesson — Wedberg
Schweden 1977
(Ausgehend vom letzten Diagramm)

14. Tac1 Sd7 15. Dd1 a5 16. Lf3 Le4 17. Lxe4 Dxe4 18. Dd5 Tfe8 19. Tfd1 h6 20. Td4 De7 21. Dc6 axb4 22. axb4 Sf8! 23. Tdd1 Se6 24. Lg3 Df6

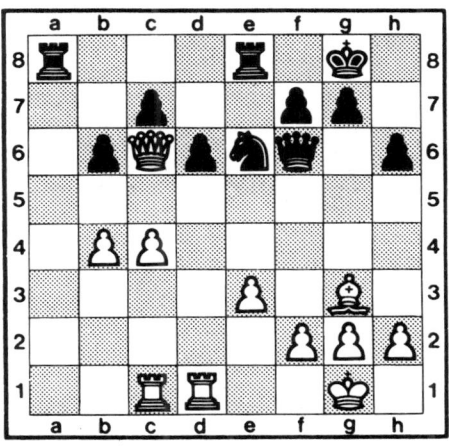

Leider zitiert IM Tom Wedberg seine Partie nicht weiter. Er stellt nur fest, daß Schwarz besser steht. Weiß kann mit c4-c5 nicht aktiv werden, und Schwarz kann nach dem Schema . . . Td8, . . . Ta2, . . . Tda8, . . . T8a3, . . . Tb2 in aller Ruhe die weißen Schwächen am Damenflügel bearbeiten.

Partie Nr. 8

Lukacs — Schüssler
Tuzla 1981
14. Lg3
Der weiße Läufer entzieht sich einer möglichen Anrempelung durch . . . Sg6. Vor allem aber will Weiß mit seinem e- und f-Bauern vorgehen. Dies könnte etwa so aussehen: 14. . . . h6 15. Tfe1 Tfe8 16. e4! (16. . . . Lxe4? 17. Lf1! f5 18. f3 Lb7 19. f4) 16. . . . Sd7 17. Ld3 nebst f2-f4. Auch

diese Stellung wäre für Schwarz nicht besonders schlimm; der Textzug läßt jedoch derartige Problematik erst gar nicht aufkommen:

14. . . . Sd7 15. Tfe1 a5 16. Lf1 f5

Schwarz konnte auch sofort 16. . . . Ta7 nebst . . . Tfa8 ziehen.

17. f3 Ta7 18. Dd4 Tfa8 19. Tab1

Aber nicht 19. b5? Sc5 nebst . . . Tf8, . . . Ta7-a8-e8. Der Sc5 steht traumhaft.

19. . . . axb4 20. axb4 Ta3

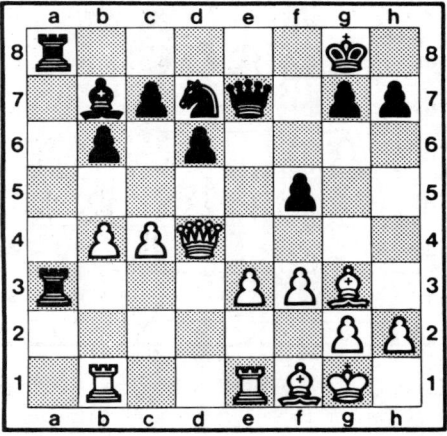

In dieser ausgeglichenen Stellung haben die Gegner aus turniertaktischen Gründen nicht das Schicksal herausgefordert: **Remis.**

Zu der Diagrammstellung nach 13 . . . Lb7 noch eine weitere, beachtliche Analyse von Schüssler und Wedberg:

14. c5?! dxc5 15. bxc5

Nach Annahme des Bauernopfers würde Weiß recht behalten: 15. . . . Dxc5? 16. Tfc1 De7 (oder . . . Dd6) 17. Dc3 mit vorteilhaftem Rückgewinn des Bauern (17. . . . Sc6 18. Lf3!). Aber Schwarz verfolgt konsequent seine schwarzfeldrige Strategie:

15. . . . Tfd8! 16. Dc3 Td5! 17. cxb6 axb6 18. Tfc1 Tc5 19. Db2 Taa5.

Schwarz steht gut, und er kann bei sorglosem, weißem Spiel schnell gewinnen, z.B. 20. Tc3 Sg6 21. Lg3 h5 22. h3 h4 23. Lh2 Tg5 24. Lf1 De4 25. f3 Dxf3 26. Lxc7 Dxh3 27. Lxb6 Tab5! 28. Tb3 (28. Dxb5 Txg2 + !) 28. . . . Txg2 + ! 29. Lxg2 Tg5 30. Ta2 De6! usw.

Nach der ruhigen Fortsetzung 6. Sbd2 hat Schwarz also keine Probleme. Wohl deshalb wurde oft das schärfere 6. Sc3 versucht, wozu es reichlich Partiematerial gibt. Mit dieser Fortsetzung befaßt sich das 3. Abspiel.

3. Abspiel

1. d4 Sf6 2. c4 e5 3. dxe5 Sg4 4. Lf4 Sc6 5. Sf3 Lb4 + 6. Sc3 Lxc3 + 7. bxc3 De7

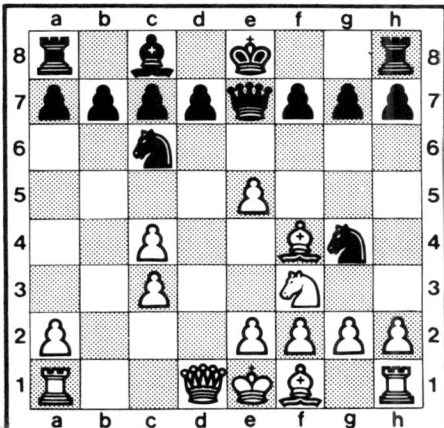

Wenn Schwarz den Be5 gewinnt, so kann er wegen der Bauernschwächen des Weißen auf ein günstiges Endspiel spielen.

Daher ist die weitere Folge praktisch erzwungen:

8. Dd5 f6

Zu 8. . . . 0—0 ist wegen 9. h3 keine Zeit.

9. exf6 Sxf6

Drei Rückzüge kommen nun in Frage:

10. Dd3	**Abschnitt A**
10. Dd2	**Abschnitt B**
10. Dd1	**Abschnitt C**

Abschnitt A   10. Dd3

1. d4 Sf6 2. c4 e5 3. dxe5 Sg4 4. Lf4 Sc6 5. Sf3 Lb4 + 6. Sc3 Lxc3 + 7. bxc3 De7 8. Dd5 f6 9. exf6 Sxf6 10. Dd3

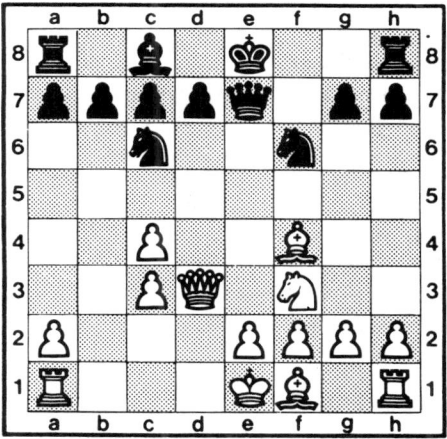

10 . . . d6 11. e3
11.g3 Se4 12. Lg2 Sc5 13. Dc2 Sa5 14. Sd2 Le6 15. Ld5 0—0 16. Le3 c6 17. Lxe6 + Dxe6 18. Lxc5 dxc5 19. e3 Dh3 mit besseren Chancen für Schwarz (Schüssler/Wedberg).

11. . . . Se4 12. Le2 0—0
Unsere Musterpartie Nr. 9 geht mit 13. Sd4 weiter. Man kann sich fragen, warum Weiß denn nicht den naheliegenden Zug 13. 0—0 macht. Die Antwort darauf liefert die vorzügliche Analyse der schwedischen Meister in der Zeitschrift „Schacknytt":

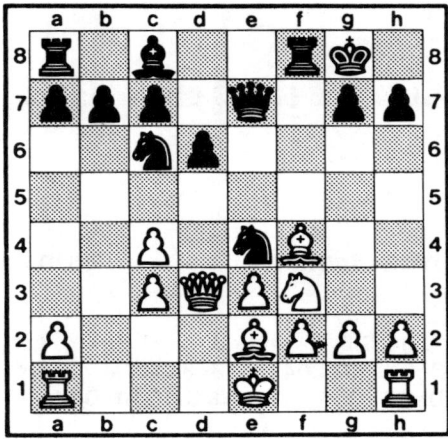

13. 0—0 Lg4!

Es paßt in den Plan des Schwarzen, Leichtfiguren (insbesondere den Le2) abzutauschen, denn dann kann er den Doppelbauern auf der c-Linie besonders gut „bearbeiten".

14. Sd4

Auf irgendeinen neutralen Zug, wie etwa 14. Tfd1, verwirklicht Schwarz die Ideal-Aufstellung mit . . . Sc5, . . . Sa5 und . . . Df7.

14. . . . Sc5

Achtung, Falle! 15. Sxc6? bxc6 16. Dd1 Lxe2 17. Dxe2 Txf4!

15. Dd1 Lxe2 16. Dxe2 Sa5 17. Tab1 b6

Nach 18. . . . Df7 nebst Sxc4 steht Schwarz besser.

Die Schlußstellung demonstriert eindrucksvoll, wie ein Doppelbauer „angepackt" werden soll.

Wenige Monate nach der Veröffentlichung dieser Analyse trafen bei einem Neujahrsturnier in Reggio Emilia (Italien) der jugoslawische Großmeister Milan Vukic und der australische Internationale Meister Ian Rogers aufeinander. Beide waren mit der obigen Analyse vertraut, und so verwundert es nicht, daß Weiß dem unangenehmen Abtausch der weißfeldrigen Läufer aus dem Wege ging:

Partie Nr. 9

Vukic — Rogers
Reggio Emilia (I) 1983/84
1. d4 Sf6 2. c4 e5 3. dxe5 Sg4 4. Lf4
Sc6 5. Sf3 Lb4 + 6. Sc3 Lxc3 + 7. bxc3
De7 8. Dd5 f6 9. exf6 Sxf6 10. Dd3 d6
11. e3 0—0 12. Le2 Se4

Aber nicht sofort 12. . . . Lg4, weil nach 13. h3 Lxf3 14. Lxf3 das Feld e4 für den schwarzen Königsspringer unzugänglich wäre, und Schwarz deshalb nicht das chancenreiche Manöver . . . Se4-c5 durchführen könnte.

13. Sd4

So wird . . . Lg4 radikal verhindert.

13. . . . Sc5 14. Dd1 Se5

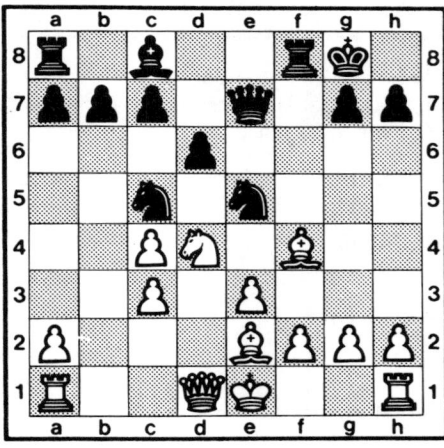

14. . . . Sa5 wäre hier wegen 15. Sb3! ungenau — Weiß könnte einen der gegnerischen Springer abtauschen.

Nach dem Textzug wäre 15. Sb3 nicht mehr so gut: 15. . . . . Se6 16. Lg3 b6 nebst

... Lb7. Der Sb3 hätte dann keine Zukunft und müßte zurückkehren. Außerdem ist die Aufstellung der schwarzen Bauern b6 und d6 „Gift" für den weißen Doppelbauern, den Weiß wohl nie mehr auflösen kann.

15. 0—0 Kh8 16. Tc1 Ld7 17. Dc2 Df7
Wie deckt man den Bc4? Außer dem Text-zug kommt noch 18. Sb3 in Frage (Idee: 18. ... Sxc4? 19. Sxc5 dxc5 20. Lxc4 Dxc4 21. Lxc7), aber Schwarz kann besser spielen: 18. ... Lf5 19. Dd1 (19. Db2 Scd3) 19. ... Scd7 nebst ... Le6.

IM Ian Rogers

18. Lxe5 dxe5 19. Sf3 De7 20. Sd2 Lc6 21. Lf3 e4 22. Le2 Tf6 23. Sb3 Th6 24. Sxc5 Dxc5 25. Tcd1 De5 26. h3
26. g3? De6 und ... Dh3.
26. ... Dg5 27. Lg4 Tg6
Es droht ... h7-h5, was Weiß mit seinem nächsten Zug verhindert.

28. De2 Da5
Wegen der Variante 29. Ld7 Dg5 (29. ... Lxd7? 30. Txd7 Dg5 31. Dg4 Dxg4 32. hxg4 Tc6 33. Tfd1 Tg8 34. T1d4!) 30. Lg4 Da5 31. Ld7 Dg5 mit Zugwieder-holung vereinbarten hier die Gegner **Remis.**

Abschnitt B

10. Dd2

1. d4 Sf6 2. c4 e5 3. dxe5 Sg4 4. Lf4 Sc6 5. Sf3 Lb4 + 6. Sc3 Lxc3 + 7. bxc3 De7 8. Dd5 f6 9. exf6 Sxf6 10. Dd2 d6 11. e3

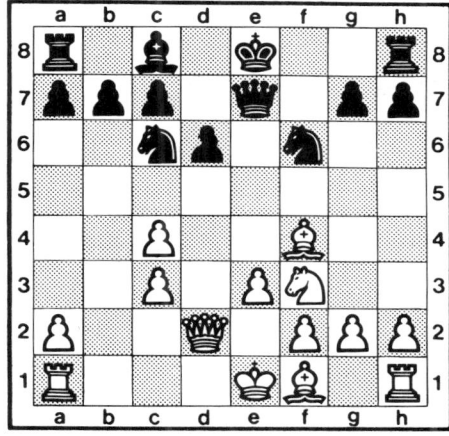

Mit dem langsamen Aufbau 11. Sd4 0—0 12. f3 Ld7 13. e4 verlor Stahlberg gegen Richter in Swinemünde 1930: 13. ... Sxe4! 14. fxe4 Sxd4 (15. Dxd4 Txf4; 15. cxd4 Dxe4 + 16. Le3 Tae8) 15. Le3 Se6 nebst ... Lc6 und ... Tae8. Die weiße Stellung ist hoffnungslos.

11. ... 0—0 12. Sd4

12. Le2 Lg4 führt zum Abschnitt A.
Nach 12. Ld3 Se5 13. 0—0 Sxf3 + 14. gxf3 Lh3 erhielt Schwarz in der Partie van den Broeck — Trajkovic, Wien 1953, gutes Spiel, z.B. 15. Tfd1 Sd7 16. Le4? g5 17. Dd5 + Kh8 18. Lg3 (18. Lxg5? Tg8 und ... h6) 18. ... Sc5 mit zahlreichen Möglichkeiten für Schwarz, wie ... h5, ... Le6, ... Tae8 usw.
Weiß wird wohl 16. Lf1 ziehen müssen; ... Lxf1 17. Txf1 Sc5 mit ausgezeichnetem Spiel für Schwarz.

12. . . . Se5 13. Le2 Se4 14. Dc2
14. Dd1 Sc5 siehe die Partie Nr. 9; Dd3-d1 oder Dd2-d1 ergibt ja die gleiche Stellung.

14. . . . Sc5 15. 0—0 b6
Mit gutem Spiel für Schwarz, z.B. 16. Sb3 Scd7 nebst . . . Df7, . . . a5 und . . . La6.

Abschnitt C   10. Dd1

10. Dd1
Weiß ist den ewigen Springerangriff auf seine Dame (auf d3 oder d2) leid . . .

Partie Nr. 10

Inkjow — Djukic
Bor (Jugoslawien) 1983
1. d4 Sf6 2. c4 e5 3. dxe5 Sg4 4. Sf3 Sc6 5. Lf4 Lb4 + 6. Sc3 Lxc3 + 7. bxc3 De7 8. Dd5 f6 9. exf6 Sxf6 10. Dd1 d6 11. e3 0—0 12. Le2 Se4 13. Tc1 Kh8 14. 0—0 g5 15. Lg3 h5

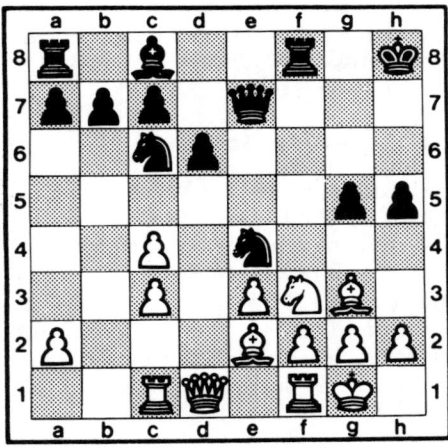

Geradliniger geht es kaum! Schwarz droht den Lg3 mittels . . . h5-h4 zu fangen, und das sonst übliche Verfahren in dieser Stellung, nämlich h2-h3 oder h2-h4, scheitert hier an . . . Sxg3 17. fxg3 Dxe3 + .
16. Ld3
16. . . . h4 soll mit 17. Le5 +! Sxe5 18. Lxe4 widerlegt werden.
16. . . . Sc5 17. h4
Alles klar bei Weiß?
17. . . . Txf3!!

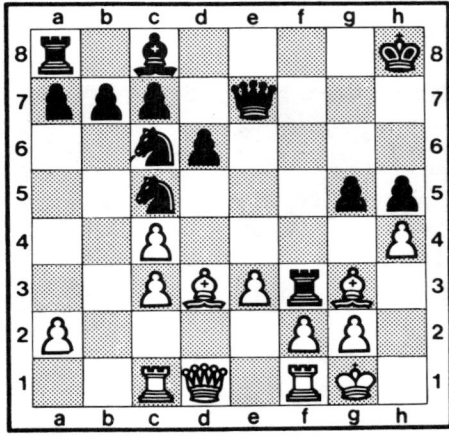

18. gxf3
Vielleicht sollte Weiß zähneknirschend folgende Variante akzeptieren: 18. Dxf3 Lg4! (viel besser als 18. . . . Sxd3 19. Dxh5 +) 19. Dd5 Le6 20. Df3 Sxd3 21. Dxh5 + Dh7 22. Dxh7 + Kxh7 23. Tcd1 gxh4 24. Lxh4 Lxc4. Natürlich steht hier Weiß schlechter, aber in der Partie unterliegt er in wenigen Zügen einem furiosen Angriff des jugoslawischen Meisters:
18. . . . gxh4 19. Lh2 Lh3 20. Kh1 Tg8!
21. Tg1 Txg1 + 22. Dxg1
22. Kxg1 Dg7 + 23. Lg3 hxg3 ist noch schlechter für Weiß.
22. . . . Sxd3 23. Td1 Df7 24. Lf4
Oder 24. f4 Dxc4 drohend . . . De4 + .
24. . . . Sxf4 25. gxf4 Dxf4
Da Schwarz nach 26. Td3 Se5 27. Te3 b6 28. De1 Le6 geradezu sadistisch gewinnt,

beschließt Weiß das Ende mit Schrecken dem Schrecken ohne Ende vorzuziehen:

26. Dg6 Dxf3 + 27. Kh2 Dxd1 28. Df6 + Kg8

Der bulgarische Großmeister konnte sich nun überzeugen, daß der schwarze König nach d7 auswandert. Diagonalschachs sind dann durch den Lh3 verhindert und das Schach auf der siebten Reihe wird durch Sc6-e7 abgewehrt.

Weiß gab auf.

Zusammenfassung:

Nach den Zügen **1. d4 Sf6 2. c4 e5 3. dxe5 Sg4 4. Lf4** entsteht das Läufersystem. Schwarz tut gut daran, den Lf4 zunächst in Ruhe zu lassen; wie wir im 1. Abspiel gesehen haben, schwächt

4. . . . g5? unwiderruflich die eigene Stellung. Die Figuren können ja nach einem mißlungenen Ausflug wieder zurückkehren, ein Bauer kann es nicht.

Die beste Methode ist **4. . . . Sc6 5. Sf3 Lb4 + .** Nach 6. Sbd2 wird die d-Linie verstellt, so daß die weiße Dame dem Be5 nicht zu Hilfe eilen kann. Schwarz spielt daher 6. . . . De7 und kassiert den geopferten Bauern mit zufriedenstellendem Spiel zurück.

Nach 6. Sc3 kann Weiß zwar den Be5 halten, aber um den Preis der Bauernzersplitterung auf der c-Linie. In der Folge spielt Schwarz . . . f6, akzeptiert also damit das Weiterspielen mit einem Bauern weniger, bekommt jedoch dafür Ersatz im Druckspiel auf der e- und f-Linie.

3. Kapitel — Das Aljechin-System

1. d4 Sf6 2. c4 e5 3. dxe5 Sg4 4. e4

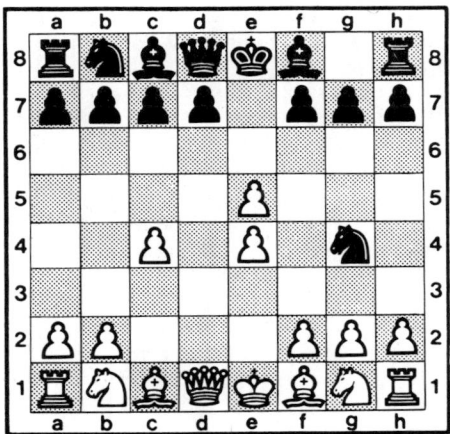

Im ersten Kapitel deckte Weiß den angenommenen Gambitbauern mittels 4. Sf3, im zweiten Kapitel versuchte er es anders (4. Lf4). In beiden Fällen erobert Schwarz den Gambitbauern zurück.

Im Aljechin-System gibt der Anziehende die Beute gleich zurück und strebt dafür ein Übergewicht im Zentrum an.

Die weiße Bauerstruktur e4/c4 sichert dem Anziehenden einen Stützpunkt auf d5, dafür ist aber der weiße Königsläufer in seiner Beweglichkeit ein wenig eingeschränkt. Ferner können in einigen Varianten im weißen Lager schwarzfeldrige Schwächen entstehen. Allgemein gilt daher in diesem System die wichtige

Regel: *Abtausch der schwarzfeldrigen Läufer ist meistens für Schwarz günstig.*

Schwarz kann den angegriffenen Springer

decken (4. . . . h5), weiter im Gambitstil fortsetzen (4. . . . d6), oder auf e5 zurückschlagen (4. . . . Sxe5). Hier die Übersicht der Abspiele des 3. Kapitels:

4. . . . h5	**1. Abspiel**
4. . . . d6 5. exd6	**2. Abspiel**
4. . . . d6 5. Le2	**3. Abspiel**
4. . . . Sxe5 5. f4 Sg6	**4. Abspiel**
4. . . . Sxe5 5. f4 Sec6	**5. Abspiel**

Indiskutabel sind die Fortsetzungen:

4. . . . Dh4?? 5. g3 Dh5 6. Le2 d6 7. h3 mit Figurengewinn.
4. . . . Sxf2?? 5. Kxf2 Dh4 + 6. g3 Dxe4 7. Sf3 Lc5 + 8. Kg2 und nach Sc3 nebst Sd5 steht Weiß auf Gewinn.

Unerprobt ist hier **4. . . . Lb4 + ,** wonach Weiß die beste der drei möglichen Fortsetzungen finden muß:

A) 5. Sc3 Sxe5 6. f4 Sg6 führt das Spiel durch Zugumstellung zu der Variante des 4. Abspiels.

B) 5. Ld2 Lxd2 + 6. Dxd2 Sxe5 7. Dc3 De7 (7. . . . Sbc6 8. f4 mit Gewinn des Bg7) mit gutem Spiel für Schwarz. 8. f4 bringt nun Weiß in Schwierigkeiten (. . . Sg6 9. Dxg7? Dxe4 +), und nach der plausiblen Folge 8. Sd2 0—0 9. Le2 Sbc6 10. Sgf3 d6 11. 0—0 f5 steht Schwarz aktiv. — Erinnern Sie sich an die obige Regel bezüglich des Abtausches der schwarzfeldrigen Läufer!

C) 5. Sd2 Sxe5 6. a3 scheint günstig für Weiß zu sein. 6. . . . Lxd2 + 7. Lxd2 nebst 8. Lc3 ist augenscheinlich für Weiß vorteilhaft, und nach 6. . . . Le7

(6. . . . Lc5 7. Sb3) 7. Sb3 oder 6. . . . Le7 7. f4 Sec6 (. . . Sg6) 8. Sdf3 nebst Ld3 und Se2 ist Weiß besser entwickelt.

1. Abspiel

1. d4 Sf6 2. c4 e5 3. dxe5 Sg4 4. e4 h5?!

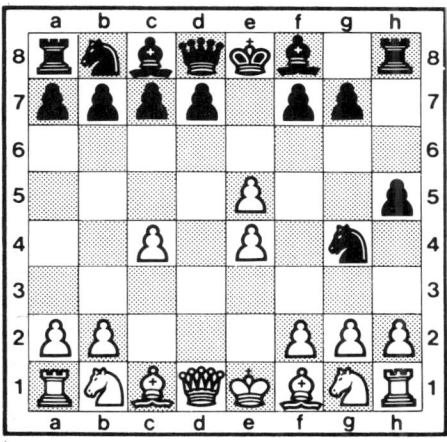

Dieser Zug beinhaltet einige Fallen. So ist z.B. 5. Sf3? Lc5 oder auch 5. f4? Lc5 6. Sh3 Sc6 (7. Le2? Dh4 +) für Schwarz günstig.

Wir sehen hier den einzigen Vorteil des Zuges . . . h5, nämlich der fortgesetzte Druck gegen den Punkt f2. Daher ist es naheliegend, den Sg4 zu vertreiben. Im späteren Verlauf wird sich der Zug . . . h5 als Schwächung des schwarzen Königsflügels erweisen (so ist z.B. die kurze Rochade vorläufig verhindert).

Mit einfachen Mitteln erreichte Weiß Vorteil in der

Partie Nr. 11
Ahues — Helling,
Berlin 1932/33

5. h3 Sxe5 6. Le3 Lb4 + 7. Sd2 f5
Später wurde dieser Zug zu Recht kritisiert. Allerdings steht Schwarz auch nach anderen Zügen schlechter. Die „Enzyklopädie" erwähnt 7. . . . b6, aber nach 8. Db3 Le7 9. 0—0—0 Lb7 10. f4 Sg6 11. Sgf3 Sc6 12. c5! steht Weiß besser, z.B. 12. . . . 0—0 13. Dd5! nebst Dxh5, oder 12. . . . Tb8 13. Dc3 0—0 14. g4!
8. a3 Le7 9. Db3 Sa6 10. 0—0—0 d6 11. c5! Sxc5 12. Lxc5 dxc5 13. Sc4 Lg5 + 14. Kb1 De7 15. Sxe5 Dxe5 16. Sf3

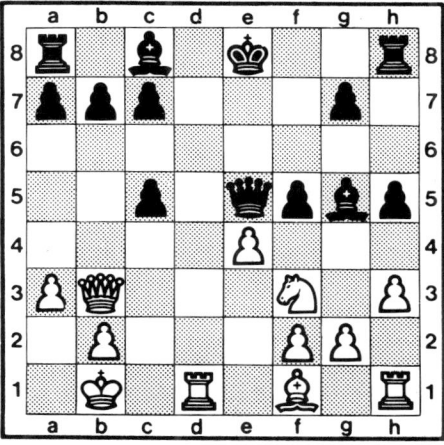

Schwarz ist verloren.
16. . . . Dxe4 + scheitert an 17. Ld3 (oder 17. . . . Df4 18. g3 Dxf3?? 19. Lb5 + gefolgt von 20. Dxf3). **16. . . . De7 17. exf5 Lxf5 + 18. Ld3 Lxd3 + 19. Dxd3**

drohend Dg6 + und The1 + ist völlig hoffnungslos für den Nachziehenden. Es bleibt nur noch **16. . . . Df6** 17. Ld3 (hier wäre 17. exf5 Lxf5 + 18. Ld3 weniger gut wegen . . . 0—0—0; Df6 deckt im Gegensatz zu De7 den Lf5) 17. . . . f4 18. e5 Dh6 (sonst Lg6 +) 19. Le4 Le6 (19. . . . c6 20. Td6; 19. . . . Tb8 Da4 + nebst Dxa7) 20. Db5 +! c6 21. Dxb7 0—0 22. Td6 Tae8 23. Dxc6 drohend Sxg5 nebst Txe6 und — nach 23. . . . Ld8 — 24. Txe6 nebst Ld5.

Nach 4. . . . h5 ist also 5. h3 gut genug. Trotzdem sollte man 5. Le2 untersuchen, wegen folgender Zugumstellung: **1. d4 Sf6 2. c4 e5 3. dxe5 Sg4 4. e4 d6** (das Thema des zweiten und des dritten Abspiels) **5. Le2** und erst hier **5. . . . h5.**

Nach **5. Le2** hat Schwarz zwei Möglichkeiten:
A) 5. . . . Lc5
B) 5. . . . d6

Partie Nr. 12
Golombek — Tartakower
Birmingham 1951
1. d4 Sf6 2. c4 e5 3. dxe5 Sg4 4. e4 h5
5. Le2 Lc5 6. Sh3
6. Lxg4 Dh4! 7. g3 Dxg4 8. Dxg4 hxg4 gibt dem Schwarzen hervorragendes Spiel für den Bauern, wegen der offenen h-Linie und den weißfeldrigen Schwächen im weißen Lager. Auch 8. g3 De6 9. f4 d6 und ggf. . . . h4 gibt Schwarz ausgezeichnete Chancen.
6. . . . Sxe5 7. Lg5 Le7
Nach 7. . . . f6 spielt Weiß natürlich nicht 8. Lxh5 + (wegen . . . g6), sondern 8. Ld2 h4 9. Lc3 und in der Folge (wie in der Partie) Sf4.
8. Lxe7 Dxe7
Es ist zwar richtig, daß der Abtausch der schwarzfeldrigen Läufer für Schwarz angenehm ist, dieses Plus wurde hier jedoch durch die dauerhafte Schwäche h5 und

einen Tempoverlust (Lf8-c5-e7) teuer erkauft.
9. 0—0 d6 10. Sf4 c6
Nach der riskanten Fortsetzung 11. Sxh5?! g6 12. Sg3 Dh4 13. h3 hat Schwarz einen starken Angriff auf der h-Linie. Wenn er will, kann er auch Remis forcieren durch 13. . . . Lxh3 14. gxh3 Dxh3 15. Te1 Dh2 + 16. Kf1 Dh3 + usw.
11. Sc3 Lg4 12. f3 Ld7
Schwarz konnte seinen Bh5 retten und auch das Feld d5 unter Kontrolle nehmen, aber diese Maßnahmen kosteten ihn Zeit. Weiß verfügt über einen großen Raumvorteil.
13. Db3 b6 14. Da3
Die Schwäche d6 wird anvisiert.
14. . . . Th6 15. b3 Df6 16. Dc1 Sa6
17. Td1 0—0—0

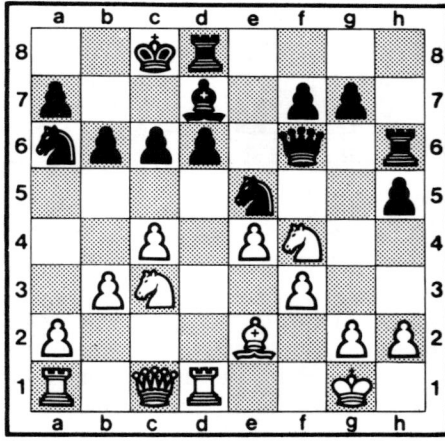

18. Sb5!
Dieser Springer ist unverdaulich: 18. . . . cxb5 19. cxb5 + Sc5 (19. . . . Sc7?? 20. Sd5) 20. Sd5 De6 21. b4 — Weiß holt sich die Figur zurück, besitzt einen herrlichen Stützpunkt auf d5 und die Möglichkeit, dem gegnerischen König mittels a4-a5 schnell zu Leibe zu rücken.
18. . . . Le8 19. Sd4 g5 20. Sh3?

Ein Fehler in überlegener Stellung: 20. Sd3! hätte den weißen Vorteil festgehalten, z.B. 20. . . . g4 21. Sf5 Tg6 22. f4 mit klarem Übergewicht des Anziehenden. **20. . . . g4! 21. Sf5 Tg6 22. Sf4 gxf3! 23. Da3 fxe2 24. Dxa6 + Kb8 25. Sxe2 Dg5 26. g3 Dg4 27. c5 b5 28. Sc3 h4 29. Txd6 Tdxd6 30. cxd6 hxg3 31. Sxg3 Sf3 + 32. Kf2 Sxh2 33. Sce2 Df3 + 34. Ke1 Txg3 35. Da5 Kb7** Der schwarze König flieht vor der Drohung Dc7 + nebst Dc8 Matt. **36. Dc7 + Ka6 37. Dc8 + Ka5 38. Dc7 + Kb4??** Zeitnot. 37. . . . Ka6 ergab Remis durch Dauerschach. **39. a3 + Kc5** Nach 39. . . . Kxb3 folgt die Gabel Sd4 +. **40. Dxa7 + Kxd6 41. Td1 +**

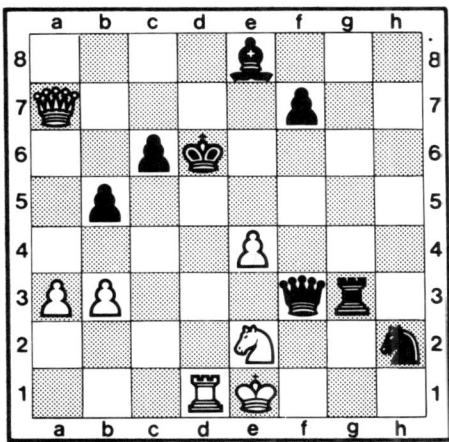

Schwarz muß nun seine Dame hergeben, denn nach 41. . . . Ke6 42. Sd4 + geht sie auch verloren (aber nur für den Gegenwert eines Springers), während 41. . . . Ke5?? zum Matt nach 42. De7 + führt. **41. . . . Dd3 42. Txd3 + Txd3 43. Db8 + Ke7 44. Dxh2** Das war's. Es folgte noch: **44. . . . Txb3 45. De5 + Kf8 46. Sd4**

Tb1 + 47. Kd2 Ld7 48. Dd6 + Ke8 49. Sxc6 Lxc6 50. Dxc6 + Kf8 51. Kc2 Te1 52. Dxb5 Txe4 53. a4 Schwarz gab auf.

Diese Partie „kippte" zweimal, infolge der Fehler im 20. und im 38. Zug, doch aus der Sicht der Eröffnungstheorie ist sie aussagekräftig genug.

Auch nach der anderen Fortsetzung im 5. Zug kann Schwarz das Spiel nicht ausgleichen:
1. d4 Sf6 2. c4 e5 3. dxe5 Sg4 4. e4 h5 5. Le2 d6 Abweichung von der Partie Nr. 12, in der 5. . . . Lc5 geschah. **6. exd6 Lxd6 7. Sf3 Sc6 8. Sc3 Le6 9. h3 Sge5** Soweit die Partie Christofferson — Stahlberg, Schweden 1928. Weiß setzte nun mit 10. Sxe5 fort, und er stand nach 10. . . . Sxe5 11. Le3 Sxc4 (11. . . . Lxc4?? 12. Lxc4 Sxc4 13. Da4 +) 12. Lxc4 Lxc4 13. Dd4 Le6 14. Dxg7 Kd7 15. 0—0—0 klar besser.

Zusammenfassung:
4. . . . h5 ist keine gute Fortsetzung. Sowohl 5. h3, als auch 5. Le2 ergibt Vorteil für Weiß.

Komplizierter ist die Fortsetzung 4. . . . d6, das Thema der beiden nachfolgenden Abspiele:

2. Abspiel

1. d4 Sf6 2. c4 e5 3. dxe5 Sg4 4. e4 d6 5. exd6 Lxd6

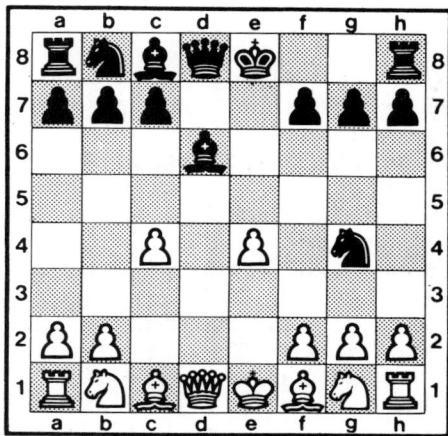

Mit oberflächlichen Zügen kann Weiß in Nachteil geraten, z.B. nach 6. Sf3? Lc5! 7. Dxd8 + Kxd8 und Schwarz gewinnt den Bauern mit besserem Spiel zurück.

6. Le2 f5

Alternativ 6. . . . Sf6. In der Partie *Rischkin — Kasanzew* (1954) folgte *7. Sc3 0—0 8. Sf3 Lb4 9. Dc2 Lxc3 + 10. bxc3 Te8 11. e5 Sg4 12. Lf4 Sc6 13. Td1 De7 14. Td5 Le6 15. h3! Sh6* (15. . . . Lxd5?? 16. hxg4 drohend Dxh7 + nebst Dh8 Matt; 15. . . . Sgxe5 16. Txe5 mit großem Vorteil für Weiß) *16. 0—0! Lxd5?* (Ein Fehler in schlechterer Stellung) *17. cxd5 Sa5 18. Sg5 g6 19. Se4 Kg7 20. Lg5 Dd7 21. Dd2 Sg8* (21. . . . Sf5 22. Lf6 + und g2-g4) *22. Sf6 — 1:0*. Schwarz verfügt über keine ausreichende Verteidigung gegen den Mattangriff nach Sxg8, Lf6 + und Dh6.

7. exf5 De7

Die Ausgangsstellung von zwei wichtigen Partien.

Partie Nr. 13
Capablanca — Tartakower
Bad Kissingen 1928
1. d4 Sf6 2. c4 e5 3. dxe5 Sg4 4. e4 d6 5. exd6 Lxd6 6. Le2 f5 7. exf5 De7
Jose Raoul Capaplanca, der Weltmeister der Jahre 1921-1927, wurde vor allem wegen seiner fantastischen Technik in einfachen Stellungen gerühmt. Unklaren Verwicklungen ging er gerne aus dem Wege. Hier bot sich eine Gelegenheit zu einem Figurengewinn an, freilich um den Preis einiger gegnerischer Initiative: 8. c5 Lxc5 9. Da4 + Sc6 10. Dxg4. Die Folgen dieses Figurenopfers sehen wir in der nächsten Partie. In dieser Partie setzte Capablanca ruhig fort:

8. Sf3 Lxf5 9. Lg5 Sf6 10. Sc3 Sc6 11. Sd5 Df7 12. 0—0 0—0—0 13. Sd4 Sxd4 14. Dxd4 c6?
Besser 14. . . . c5 15. Dh4 Sxd5 16. cxd5 (16. Lxd6? Sf4!) 16. . . . Tde8, was Exweltmeister Euwe in seinem Buch über Capablanca angegeben hat.

15. Lxf6 gxf6

In dem soeben erwähnten Werk gibt Euwe hier 16. Dxa7! cxd5 17. cxd5 an, mit den Möglichkeiten:

A) 17. . . . Dxd5 18. Tfd1 De5 19. Tac1 + Kd7 20. Dxb7 + Ke8 21. Lh5 + mit Gewinn.

B) 17. ... Lb8 18. Tac1+ Kd7 19. De3
Tc8 20. Lb5+ Kd8 21. Db6+ Lc7
22. Txc7 und gewinnt (22. ... Txc7
23. d6; 22. ... Dxc7 23. Dxf6+).
C) 17. ... Kd7 18. Tfe1 Dxd5 19. Lf3
Db5 20. Lxb7 ebenfalls mit Gewinn für
Weiß.

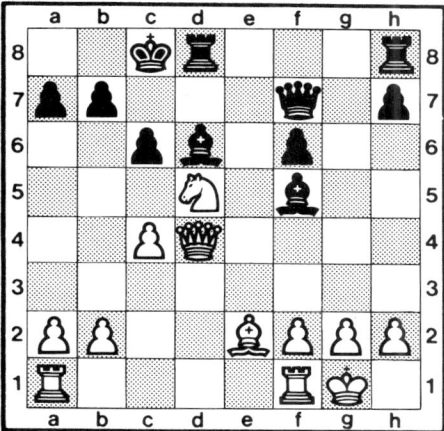

16. Dxf6?
Nun konnte sich Schwarz retten: 16. ...
Dg6! 17. Dxg6 (aber nicht 17. Se7+ Lxe7
18. Dxe7 The8) 17. ... hxg6 18. Se3
Lxh2+ 19. Kh1 Lf4+ 20. Kg1 Lh2+ und
Remis durch Dauerschach (Euwe).
Schwarz geht zu seinem Schaden an dieser Möglichkeit vorbei:
16. ... Dxf6 17. Sxf6 Le5 18. Lg4 Lxf6
Besser — nach Euwe und Tartakower —
18. ... Lxg4 19. Sxg4 Lxb2 20. Tab1 Ld4.
Weiß muß noch einige Tempi verlieren (h3,
Kh2), bevor er mit f2-f4 aktiv werden kann.
**19. Lxf5+ Kc7 20. Tad1 Lxb2 21. Txd8
Txd8**
21. ... Kxd8 22. Tb1 nebst Txb7.
22. Lxh7 Td4 23. g3 Txc4 24. h4 b5
Das Wettrennen der Bauern beginnt.
Natürlich hat Weiß mit einem Bauern mehr
und freier Bahn für seine Freibauern die

besseren Karten. Den Rest der Partie spielt
der Endspielkünstler Capablanca wieder
einmal großartig:
25. Kg2 a5 26. h5 Lg7 27. f4 Lh6
Gegen g3-g4 gerichtet, wie leicht erkennbar.
**28. Te1 Ta4 29. Lg8 Td4 30. Te7+ Td7
31. Txd7+ Kxd7 32. Kf3 c5 33. g4 c4
34. g5 Lf8 35. h6 a4**
Nach 35. ... c3 stoppt 36. Lb3 die
schwarzen Bauern.
36. f5 Kc6
Oder 36. ... c3 37. Ke2 b4 38. h7 Lg7
39. f6 Lh8 40. Kd3
**37. h7 Lg7 38. f6 Lh8 39. f7
Schwarz gab auf.**

Der Schluß war eine klare Sache für Weiß,
die Eröffnung dagegen keineswegs; denken wir z.B. an die mögliche Verbesserung
des schwarzen Spiels im 15. Zug (... c5).

Drei Jahre nach dieser Partie kam die kritische Stellung nach dem 7. Zug von
Schwarz noch einmal in der Praxis vor.
Allerdings waren diesmal nicht solche
Berühmtheiten wie Capablanca und Tartakower am Werk, sondern zwei wenig
bekannte Fernschachspieler. So kam es,
daß diese Partie von der Schachwelt fast
unbemerkt blieb; in den großen Lexika, wie
z.B. der „Enzyklopädie der Schacheröffnungen", wird sie nicht einmal erwähnt,
geschweige denn analysiert. Irgendwo
„ausgegraben" hat sie der Amerikaner
Josef Staker, dessen Broschüre über das
Budapester Gambit in diesem Buch oft
zitiert wird:

Partie Nr. 14
Egli — Bauer
Fernpartie 1931
**1. d4 Sf6 2. c4 e5 3. dxe5 Sg4 4. e4 d6
5. exd6 Lxd6 6. Le2 f5 7. exf5 De7**
Diesmal wird das kritische Figurenopfer
auf Herz und Nieren geprüft:
8. c5! Lxc5 9. Da4+ Sc6 10. Dxg4

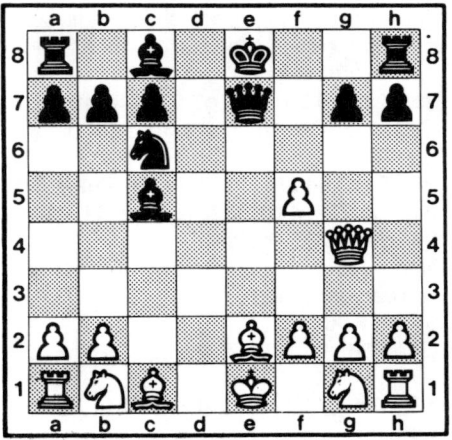

Außer dem Textzug sind hier noch zwei weitere Fortsetzungen möglich:

A) **10. . . . Lxf5?** (in der „Enzyklopädie" falsch mit einem Ausrufezeichen angegeben; mit Berufung auf Tartakower) **11. Dxf5 Tf8.** Nach einem Rückzug der weißen Dame bekommt Schwarz einen furiosen Angriff nach . . . Lxf2 + und . . . Td8 +, aber **12. Lg5!** (Staker) macht die schwarzen Hoffnungen zunichte:

— 12. . . . Dd6 13. De4 +
  a) 13. . . . Kd7 14. Lg4 +
  b) 13. . . . Kf7 14. Lc4 +
  c) 13. . . . Se7 14. Dxe7 +
  d) 13. . . . Se5 14. Sf3
— 12. . . . Txf5 13. Lxe7 Lxf2 + 14. Kf1 Kxe7 15. Sf3 und Weiß muß nach sorgfältigem Spiel gewinnen
— 12. . . . Lxf2 + 13. Dxf2 Db4 + (13. . . . Dxg5 14. Sf3 Dc1 + 15. Ld1 nebst 0—0) 14. Ld2 Dxb2 15. De3 + und gewinnt.

B) **10. . . . 0—0! 11. Dc4 + Kh8 12. Sf3 Txf5 13. 0—0 b5 14. Dxb5 Sb4** Soweit die Analyse des ungarischen Fernschachmeisters Dr. Balogh, der hier

aber falsch mit 15. Ld3 c6 16. Dc4 Txf3 17. gxf3 La6 mit Vorteil für Schwarz fortsetzt. Richtig ist **15. Sc3! La6 16. Dxa6 Sxa6 17. Lxa6** mit Vorteil für Weiß, der drei Figuren und einen Bauern für die Dame besitzt, und seine Stellung mit Lb7 nebst ggf. Le4 leicht konsolidieren kann.

In unserer Partie wählte Schwarz den dritten, ganz falschen Weg:
10. . . . Sd4? 11. Dh5 + !
Außer dem Textzug hat Schwarz noch einige weitere Möglichkeiten, doch ohne Aussicht auf Erfolg:

A) 11. . . . g6 12. fxg6! Sc2 + 13. Kd1 Sxa1 14. g7 + usw.
B) 11. . . . Kd8?? 12. Lg5 oder 11. . . . Df7 12. Dxf7 + Kxf7 13. Ld1 ist indiskutabel.
C) 11. . . . Kf8 12. f6! gxf6 13. Lh6 + Kg8 14. Sc3! Sc2 + 15. Kd1 Sxa1 16. Lc4 + Le6 17. Dxc5!! (16. . . . Dxc5 17. Lxe6 Matt) ist die schönste, von Dr. Balogh in „Staker" angegebene Variante.

11. . . . Kd7 12. Lg5 De5 13. Sc3 Sc2 + 14. Kf1 Sxa1 15. Df7 + Kc6
Oder 15. . . . Le7 16. Sf3 Dd6 17. Se4 Db4 17. Se5 + Kd8 18. Sd3 und gewinnt.
16. Lf3 + Kb6
16. . . . Kd6 17. Sb5 Matt.
17. Lf4
Zieht die schwarze Dame, so setzt Weiß auf c7 Matt. 17. . . . Dxf4 (De7) 18. Sd5 + mit Damenverlust.
Schwarz gab auf.

Das ist alles gut und schön, aber derart komplizierte Varianten sind nicht jedermanns Geschmack. Daher verzichtet Weiß manchmal auf das Schlagen auf d6 und setzt seine Entwicklung fort. Dies ist das Thema des 3. Abspiels.

3. Abspiel

1. d4 Sf6 2. c4 e5 3. dxe5 Sg4 4. e4 d6 5. Le2

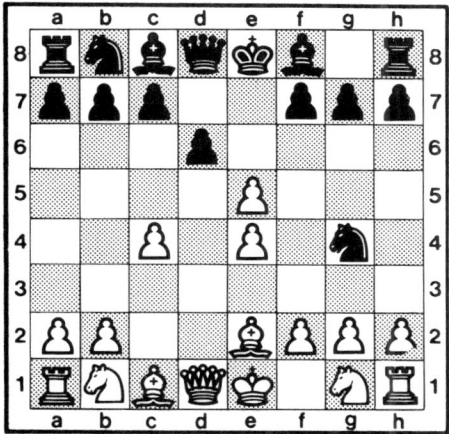

Auf diese Weise vermeidet Weiß alle Verwicklungen des 2. Abspiels. Das Spiel wird damit in betont ruhige, positionelle Bahnen gelenkt.

Schwarz kann hier 5. . . . h5 spielen, wonach sich die im 1. Abspiel untersuchte Stellung ergibt (siehe Partie Nr. 12).

5. . . . Sxe5 6. f4

Schwarz hat drei Springerrückzüge zur Verfügung:

A) 6. . . . Sec6
B) 6. . . . Sg6
C) 6. . . . Sg4

A) 6. . . . Sec6 7. Sf3 Lg4 8. 0—0 Le7
9. Sc3 Sd7 10. h3 Lxf3 11. Lxf3 0—0
12. Le3 Sb6 13. b3 Lf6 14. Dd2 Se7
15. Tad1 mit Vorteil für Weiß in der Partie Ulvestad — Haro, Malaga 1965.

B) 6. . . . Sg6 7. Sf3 Sc6 8. 0—0 Le7
9. Sc3 0—0 10. Le3 Te8 11. Dd2 Lf6
12. Sd4 Ld7 13. Tae1 Sxd4 14. Lxd4 Lc6
15. Ld1 und nach dem Manöver Ld1-c2 besaß Weiß in der Partie Katajisto — de Greiff, Schacholympiade Amsterdam 1954, einen dauerhaften Vorteil wegen des erdrückenden Raumübergewichts.

Diese beiden Beispiele sind vom IM Minev in der „Enzyklopädie" angegeben worden.

C) 6. . . . Sg4
Ein Versuch des Amerikaners Meyers, der sich viel mit dem Budapester Gambit beschäftigt, und der seine Analysen in einem unregelmäßig erscheinenden Bulletin veröffentlicht.

Der Sg4 ist indirekt geschützt: 7. Lxg4 Dh4 + 8. g3 Dxg4 und Schwarz steht gut. Weiß muß jedoch nicht so spielen:

7. Sf3 Le7
Meyers beschäftigte sich viel mit der Kombination nach 8. 0—0 d5!? 9. exd5 Lc5 + . Auch hier ist nicht alles restlos geklärt, doch dies ist und bleibt eine akademische Frage, denn Weiß kann mit einfachen Mitteln Vorteil erlangen:

8. Sc3! 0—0 9. 0—0
Hier ist 9. . . . d5 schon völlig inkorrekt: 10. Dxd5 Dxd5 11. Sxd5 Lc5 + 12. Kh1 und wegen der Drohung Sxc7 scheidet . . . Sf2 + aus. Wenn Schwarz im 8. Zug anstatt Rochade 8. . . . Sc6 gespielt hat, so ist die Idee von Meyers ebenfalls undurchführbar: 8. . . . Sc6 9. 0—0 d5 10. cxd5 Lc5 + 11. Kh1 Se7 (11. . . . Sf2 +?? 12. Txf2 und dxc6) 12. De1 und Weiß hat einfach zwei Mehrbauern.

**9. . . . Sc6 10. h3 Sf6 11. Le3 Te8
12. Sd4 Lf8 13. Lf3 Ld7 14. Tc1 Sxd4
15. Lxd4 Lc6 16. Dd3 g6 17. Tfd1 Lg7
18. b4 a6 19. a4**
Weiß hat einen großen Raumvorteil.

Zum Schluß sei hier noch an den Anfang
der Partie **Reshevsky — Denker,** Syra-
cuse 1934, erinnert:
**1. d4 Sf6 2. c4 e5 3. dxe5 Sg4 4. e4 d6
5. Le2 Sxe5 6. f4 Sg4 7. Sf3 Sc6
8. 0—0 Ld7 9. Sc3 Le7 10. h3 Sf6
11. e5 dxe5 12. fxe5 Sg8**
12. . . . Sh5? 13. Kh2! nebst g2-g4.
13. Le3 f6 14. Ld3!

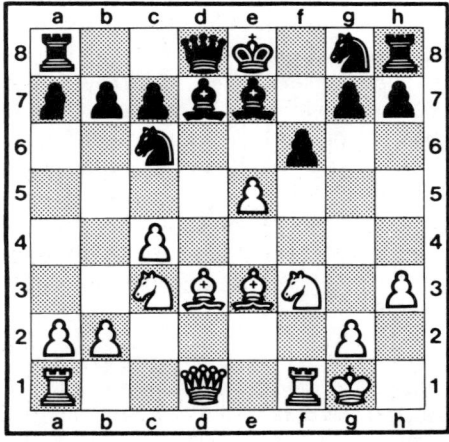

Die schwarzen Aktien sind nicht viel wert.
Gegen den einfachen weißen Plan Dc2
und Tae1 oder Tad1 ist kein Kraut gewachsen. Ferner scheitert 14. . . . Sxe5?? an
15. Sxe5 fxe5 16. Dh5+ g6 17. Dxg6+!
hxg6 18. Lxg6 Matt. Ebenfalls grausam für
Schwarz ist 14. . . . fxe5 15. Sxe5 Sf6
(15. . . . Sxe5 16. Dh5+ g6 17. Dxe5 Sf6
18. Txf6) 16. Txf6! Lxf6 17. Dh5+ g6
18. Lxg6+ und den Rest finden Sie sicher
leicht allein.

Zusammenfassung:
In der Variante 4. . . . d6 kann nach der
Annahme des Bauernopfers (2. Abspiel)
ein scharfer Kampf entstehen, in dem Weiß
zwar Vorteile besitzt, aber auch ein gewis-
ses Risiko eingeht. Mit der Ablehnung des
Gambits mittels 5. Le2 (3. . . . Abspiel)
sichert sich Weiß problemlos ein deutliches
Raumübergewicht.
Für Schwarz ist es ratsam, nach 4. e4
gleich 4. . . . Sxe5 zu spielen. In den
danach entstehenden Varianten (das
Thema der beiden letzten Abspiele dieses
Kapitels) hat Schwarz am ehesten Aussich-
ten auf ein ausreichendes Gegenspiel.

4. Abspiel

1. d4 Sf6 2. c4 e5 3. dxe5 Sg4 4. e4 Sxe5 5. f4 Sg6

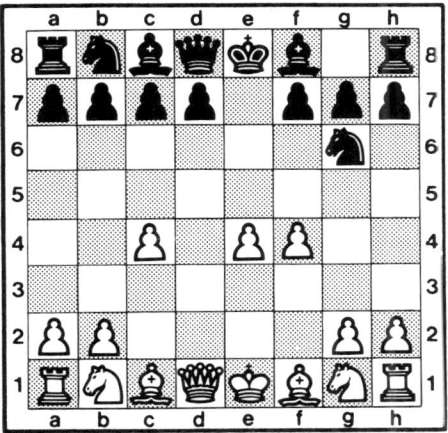

Der Vorteil dieses Zuges ist leicht zu erkennen: Der weiße Bf4 gerät unter Beschuß. Nachteilig für Schwarz kann sich der Umstand erweisen, daß Weiß immer den „Tritt" f4-f5 zur Verfügung hat. Dieser Vorstoß kann aber jetzt (und häufig auch in den nächsten Zügen) kaum durchgeführt werden, denn dann würde Schwarz mit seinem Springer dankend auf e5 Platz nehmen, dem klassischen Operationsfeld des Budapester Gambits.

Weiß muß daher bestrebt sein, zunächst dieses Feld unter Kontrolle zu nehmen; er macht es mit dem naheliegenden Zug Sg1-f3, dem Thema des Abschnitts A. Im Abschnitt B besetzt Weiß die wichtige Diagonale g1-a7 (6. Le3).

6. Sf3   **Abschnitt A**
6. Le3   **Abschnitt B**

Wir wollen uns zunächst mit einigen „Seitenwegen" befassen:

6. Sc3 Lb4 und nach 7. Le3 geht das Spiel in die Variante 6. Le3 Lb4+ 7. Sc3 über (siehe Abschnitt B). Alternativ 7. Ld2 Lxc3 8. Lxc3 Sxf4 9. Lxg7 Tg8 10. Lc3 Sxg2+ 11. Lxg2 Txg2 mit scharfer Stellung, in der Weiß kaum Kompensation für den verlorenen Bauern besitzt.

6. a3 und nun kann Schwarz einfach ausgleichen mit **6. . . . a5** nebst . . . Sa6 und . . . Lc5 (Tartakower). Für Liebhaber scharfer Stellungen hier die Analysen aus der „Enzyklopädie" und „Staker":

6. . . . Lc5 7. Sf3 (7. b4 Lxg1 8. Txg1 0—0 9. Df3 d6 10. g4 a5 11. b5 Sd7 12. Ta2 Sc5 13. Le3 b6 mit Positionsvorteil für Schwarz, Metschkarow — Atanasow, Fernpartie 1955) **7. . . . d6 8. b4 Lb6 9. f5 Sh4 10. Sg5 De7 11. c5 dxc5 12. Lc4 cxb4**

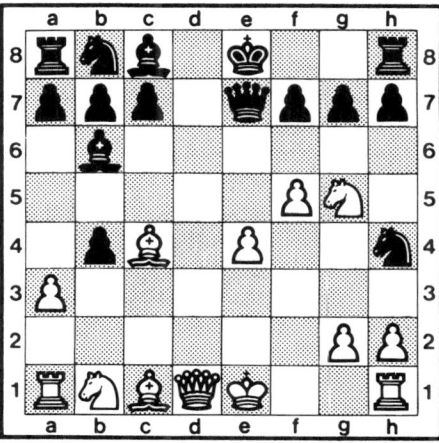

Metschkarow erwähnt 13. Lxf7 + Kf8 mit besseren Chancen für Schwarz. Staker gibt 13. Dh5 Sxf5 14. Dxf7 + Dxf7 15. Lxf7 + Ke7 16. exf5 h6 17. Lg6 als für Weiß gewonnen an (17. . . . hxg5 18. Lxg5 + mit Angriff), er läßt jedoch das einfache 17. . . . Ld4! außer acht: 18. Ta2 hxg5 19. Lxg5 + Lf6 20. Te2 + Kd8 21. Lxf6 + gxf6 22. Td2 + Sd7 23. axb4 c6 und Schwarz hat mit seinem starken Se5 vollwertiges Spiel (Plan: 23. . . . Kc7 und 24. . . . Se5, ggf. . . . a5.

Abschnitt A

1. d4 Sf6 2. c4 e5 3. dxe5 Sg4 4. e4 Sxe5 5. f4 Sg6 6. Sf3

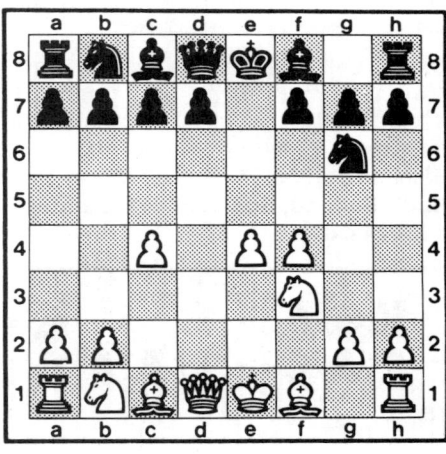

Es droht f4-f5. Schwarz setzt nun am besten mit 6. . . . Lb4 + fort. Bezüglich 6. . . . Lc5 siehe folgende berühmte Partie:

Partie Nr. 15
Aljechin — Seitz
Baden-Baden 1925
1. d4 Sf6 2. c4 e5 3. dxe5 Sg4 4. e4

Sxe5 5. f4 Sg6 6. Sf3 Lc5? 7. f5! Sh4?
Relativ besser war 7. . . . Se7, aber nicht 7. . . . Se5 8. Sxe5 Dh4 + 9. g3 Dxe4 + 10. De2 Dxh1 11. Sg6 + und gewinnt.
Der Textzug stellt zwar eine simple Falle auf (8. Lg5?? Sxf3 +), aber nach der starken Antwort
8. Sg5!
ist Schwarz bereits entscheidend im Nachteil. Der Sh4 ist abgeschnitten, und 8. . . . h6 wird widerlegt durch 9. Sxf7 Kxf7 10. Dd5 + usw.
8. . . . De7 9. Dg4 f6
Der einzige Zug, wovon man sich leicht selber überzeugen kann.
10. Dh5 + ! g6
Oder 10. . . . Kf8 11. Dxh4! (aber nicht 11. Sxh7 + ? Kg8!) 11. . . . fxg5 12. Lxg5 mit riesigem Vorteil für Weiß.
11. Dxh4 fxg5 12. Lxg5 Df7 13. Le2 0—0 14. Tf1 Sc6 15. Sc3 Sd4 16. fxg6 Dxg6 17. Txf8 + Lxf8 18. Lh5 Db6

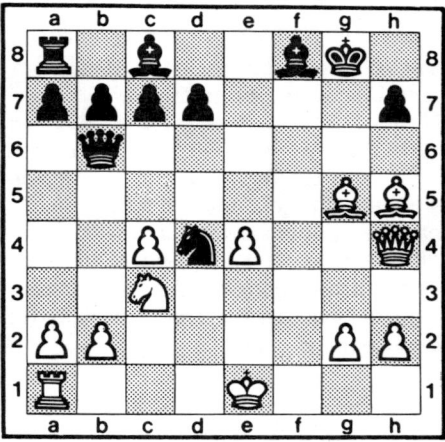

Schwarz kämpft in seiner verlorenen Stellung sehr erfinderisch. Nach dem naheliegenden Zug 19. Df2 (deckt den Punkt b2 und droht seinerseits mit Matt nach Df7 + und Dxf8) kontert Schwarz mit 19. . . . Sc2 + !! (20. Dxc2 Dg1 + 21. Ke2 Dxg2 +

und Dxg5) und Schwarz lebt unerwartet auf.

19. 0—0—0! Lg7 20. Tf1 Se6 21. Lf7 + Kh8 22. Lxe6 Dxe6 23. Lf6!
Weiß gewinnt nun in jeder Variante, z.B.:
A) 23. . . . Lxf6 24. Txf6 De8 25. Dh6 Kg8 26. Sd5 usw.
B) 23. . . . d6 24. Lxg7 + Kxg7 25. Dg5 + Dg6 26. De7 + Kh6 27. Tf6
Schwarz gab auf.

Wie wir soeben drastisch gesehen haben, ist nach dem Zug 6. Sf3 die Drohung f4-f5 sofort aktuell. Schwarz darf deshalb nicht zaudern (6. . . . Lc5?), sondern er muß mit einem Läuferschach fortfahren.

1. d4 Sf6 2. c4 e5 3. dxe5 Sg4 4. e4 Sxe5 5. f4 Sg6 6. Sf3 Lb4 +

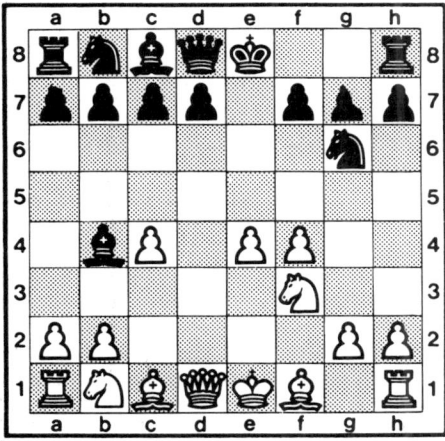

Außer der Hauptfortsetzung 7. Sc3 (siehe Partie Nr. 16) hat Weiß die Wahl zwischen

1. 7. Sbd2?? Sxf4 mit Vorteil für Schwarz.
2. 7. Ld2 De7! (drohend sowohl . . . Sxf4, als auch . . . Dxe4 +) 8. Kf2 Lxd2 (8. . . . Lc5 +? 9. Kg3!) 9. Dxd2 Dxe4 10. Ld3 (10. g3 0—0) 10. . . . Dxf4

11. Te1 + Kd8. Diese Variante ist bis jetzt in der Praxis nicht geprüft worden; der Autor kann keine Kompensation für die beiden geopferten Bauern erkennen, z.B. 12. Dc3 Df6 13. Dc2 d6 14. Sc3 Le6 usw.
3. 7. Kf2 Lc5 + 8. Kg3 (8. Le3 Lxe3 + 9. Kxe3 Df6!) 8. . . . d6 9. a3 a5 mit etwa gleichen Chancen. Weiß wird noch zwei Tempi verlieren müssen, um mittels h2-h3 und Kg3-h2 seinen König zu verstecken. Das Endspiel nach 10. f5 Se5 11. Sxe5 dxe5 12. Dxd8 + Kxd8 nebst . . . c6 ist eher für Schwarz günstig, wegen des „Loches" auf d4.

Partie Nr. 16
Tschebotajew — Isajew
UdSSR 1948
1. d4 Sf6 2. c4 e5 3. dxe5 Sg4 4. e4 Sxe5 5. f4 Sg6 6. Sf3 Lb4 + 7. Sc3 0—0
Die Alternativen 7. . . . d6 und 7. . . . Df6 werden wir später kennenlernen.
8. Ld3 d6 9. 0—0 Lxc3 10. bxc3 Sc6 11. Dc2 b6 12. Sd4 Sa5 13. Le3 Dd7
13. . . . La6 14. De2 könnte durch Zugumstellung zur Partie führen.
14. Sf5 La6 15. Ld4 f6 16. De2

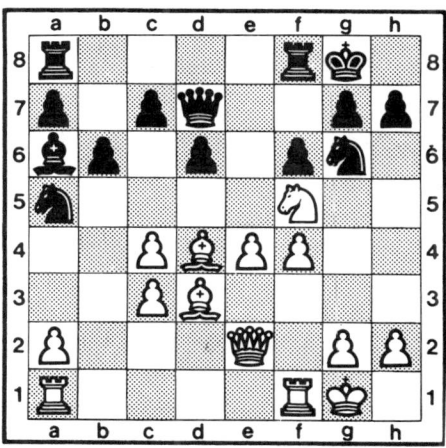

16. . . . Df7?

Schwarz nimmt den Bc4 viel zu früh aufs Korn. Er hätte 16. . . . Tae8 spielen sollen. Nach z.B. 17. Tf3 (Idee: Th3 und Dh5) kommt das Qualitätsopfer in Betracht: 17. . . . Dxf5! 18. exf5 Txe2 19. Lxe2 Sh4 20. Tf2 Sxf5 und Schwarz holt sich noch den Bc4. Nach 16. . . . Tae8 17. Tae1 Df7 hätte Schwarz viel bessere Verteidigungschancen als in der Partie.

17. e5! Tae8
17. . . . Lxc4 18. exf6 Lxd3 19. Dxd3 mit Gewinn des Bg7, da 19. . . . gxf6?? an 20. Sh6 + scheitert. Ferner ist 17. . . . fxe5? 18. fxe5 nichts wert (es droht erneut Sh6 +). Auch nach 17. . . . dxe5 18. fxe5 greift der Tf1 in das Geschehen ein.

18. Dg4 fxe5 19. fxe5 De6
19. . . . Sxe5?? 20. Sh6 +

20. exd6 Lxc4 21. Lxc4 Sxc4
Weiß entscheidet nun mit einem energischen Angriff. Dabei spielt der Bd6 eine Schlüsselrolle:

22. Sh6 +! gxh6
Schwarz hat keine Wahl: 22. . . . Kh8 23. Dxe6 Txe6 24. Sf7 + Kg8 25. d7! und gewinnt.

23. Txf8 + Kxf8 24. Tf1 + Kg8

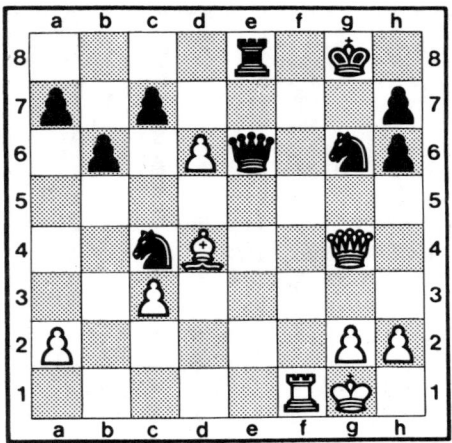

25. d7! De7 26. dxe8-D + Dxd8 27. Df3

Die Drohungen Dd5 + und Df6 sind nicht gleichzeitig zu parieren.
Schwarz gab auf.

Die Niederlage des Nachziehenden lag nicht unbedingt an der Eröffnung. 7. . . . 0—0 muß noch näher geprüft werden. Im 7. Zug hat Schwarz auch andere Möglichkeiten:

1. d4 Sf6 2. c4 e5 3. dxe5 Sg4 4. e4 Sxe5 5. f4 Sg6 6. Sf3 Lb4 + 7. Sc3

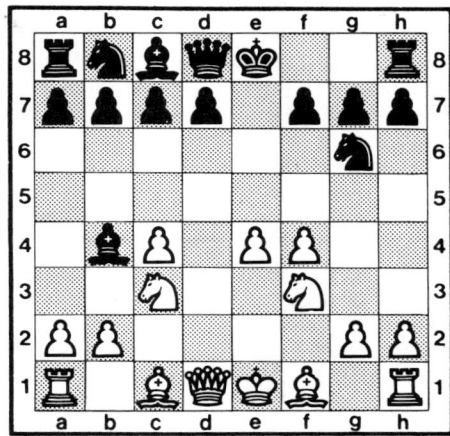

A) 7. . . . Df6 8. e5 Db6 9. f5 Se7 10. Ld3 d5!? (aber nicht 10. . . . Lxc3 + 11. bxc3 d6 12. f6 mit Vorteil für Weiß, wie Staker angibt), mit unklarer Stellung (11. f6 d4 oder 11. exd6 e. p. Sxf5 = unklar).

B) 7. . . . d6 8. Ld3 Lc5 9. Sa4! und Weiß steht etwas besser, z.B. 9. . . . Lb4 + 10. Kf2! nebst a2-a3, oder 9. . . . Sc6 10. Sxc5 dxc5 11. Le3 mit etwas Vorteil für Weiß (Metschkarow). Statt 8. . . . Lc5 kommen hier folgende Züge in Frage: b1) 8. . . . 0—0 mit Übergang zu der Partie Nr. 16; b2) 8. . . . a6 9. 0—0 Lc5 + 10. Kh1 Sc6; sowie b3) 8. . . . Lxc3 + 9. bxc3 Df6 (10. Dd2 Sd7 nebst . . . Sc5).

Abschnitt B

1. d4 Sf6 2. c4 e5 3. dxe5 Sg4 4. e4 Sxe5 5. f4 Sg6 6. Le3

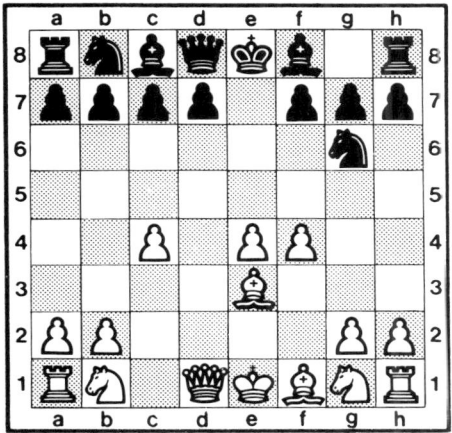

Weiß verhindert damit 6. . . . Lc5

6. . . . Lb4 + 7. Sc3
Nicht gut ist 7. Sd2 wegen 7. . . . De7 8. Dc2 (die natürliche Deckung 8. Ld3 scheitert hier an 8. . . . Dd6! mit überraschendem Bauerngewinn — Steiner) 8. . . . Sc6 9. Sgf3 b6 mit gutem Spiel für Schwarz (Grünfeld). Man sehe: 10. a3 Lc5 = +; 10. Ld3 Lc5 11. Lxc5 Dxc5 12. g3 De3 + = +; 10. g3 Lb7 11. Lg2 Lc5 =.

7. . . . Lxc3 + 8. bxc3 b6!?
Eine interessante Alternative zu der ebenfalls möglichen Variante 8. . . . De7 9. Ld3 f5 10. Dc2 fxe4 11. Lxe4 Sxf4 12. Lxf4 d5 13. cxd5 Lf5 mit Rückgewinn der Figur in einer Partie Meier — Grünfeld.

9. Ld3
9. Dd5? Sc6 und die weiße Dame steht bald exponiert.

9. . . . Lb7 10. Sf3 d6 11. 0—0 Sd7
mit verteilten Chancen. Weiß darf natürlich niemals f4-f5 ziehen, wegen des Feldes e5. Wenn Weiß nichts Aktives unternimmt, folgt

. . . 0—0, . . . Te8 und ggf. . . . Sc5 mit Druck gegen das weiße Zentrum. In der Partie *Heim — Schröder* (1967) folgte scharf *12. e5 dxe5 13. Lxg6* (13. fxe5? Lxf3 14. Dxf3 Sdxe5 — +) *13. . . . hxg6 14. fxe5 De7 15. Lg5 Dc5 + 16. Dd4 Sf8 17. Dxc5 bxc5 18. Tab1 La6 19. Sd2 Se6 20. Lf4* (20. . . . Le3 Th5) *20. . . . 0—0—0 21. Tb2 Td3* und Schwarz gewann in der Folge; der Rest der Partie ist leider nicht verfügbar. Am Vorteil für Schwarz ist jedoch nicht zu zweifeln.

Dieses Partiefragment ist zwar nicht aussagekräftig genug, um die Fortsetzung 8. . . . b6 richtig einzuschätzen, doch sicher verdient dieser Plan eine nähere Prüfung. Sollte er sich dennoch nicht bewähren, so bleibt dem Schwarzen immer noch das Vorbild Meier — Grünfeld (sieh Anm. zum 8. Zug von Schwarz).

Zusammenfassung: 5. . . . Sg6 ist wahrscheinlich spielbar. Schwarz hat größere Probleme in der Variante 6. Sf3. In beiden Varianten (6. Sf3 und 6. Le3) *muß* Schwarz 6. . . . Lb4 + spielen.

Nach Ansicht der schwedischen Internationalen Meister und „Budapest"-Experten, Harry Schüssler und Tom Wedberg, ist jedoch die Aufgabe des Schwarzen einfacher, wenn er sich zu 5. . . . Sec6 entschließt. Dies ist das Thema des letzten Abspiels des Aljechin-Systems.

5. Abspiel

1. d4 Sf6 2. c4 e5 3. dxe5 Sg4 4. e4 Sxe5 5. f4 Sec6

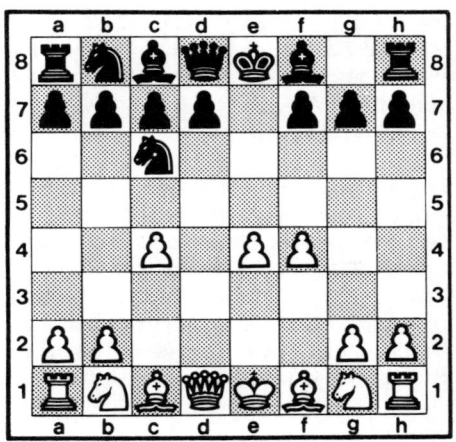 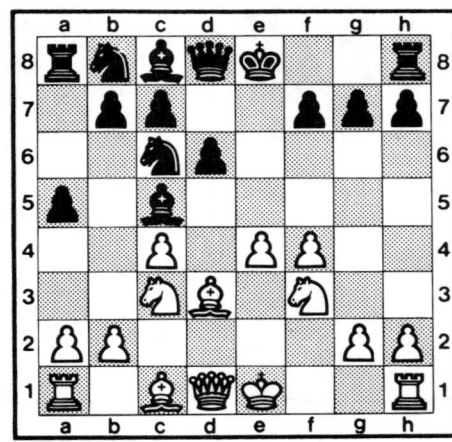

Hier steht der schwarze Springer nicht exponiert. Ferner haben sich im weißen Lager „schwarze Löcher" aufgetan (vor allem d4).

In unserer ersten Musterpartie kümmert sich der sowjetische Großmeister um dieses „Loch", und er entgeht nur um ein Haar einer Niederlage:

Partie Nr. 17
Waganjan — Wedberg
Olympiade Buenos Aires 1978
1. d4 Sf6 2. c4 e5 3. dxe5 Sg4 4. e4 Sxe5 5. f4 Sec6 6. Sf3 Lc5 7. Sc3 d6 8. Ld3 a5

Ein Mehrzweckzug. Das Feld b4 wird unter Kontrolle genommen (gegen evtl. a2-a3 und b2-b4 gerichtet) und dem Läufer c5 wird bei Bedarf das Quartier auf a7 eingerichtet (z.B. nach Sa4).

9. h3
Weiß hat etwas gegen Lc8-g4. IM Minev gefällt dagegen 9. h3 nicht so gut, und er führt folgende Variante an: 9. De2 Lg4 10. Le3 Sd4 11. Df2 Lxf3 12. Lxd4! mit Vorteil für Weiß (Wedberg). Statt 11. . . . Lxf3? kommt jedoch 11. . . . Se6!? stark in Betracht (12. h3? Sxf4!; 12. 0—0? Sxf4!; 12. Lxc5 dxc5!? mit Bedrohung des Ld3 und Bf4). Auch nach 12. g3 Sc6 steht Schwarz befriedigend. Möglicherweise hat Weiß gerade diese Variante vermeiden wollen, und spielte deshalb 9. h3.
9. . . . Sa6 10. Sd5 Le6 11. a3
11. Le3? Lxd5! 12. Lxc5 Lxe4 mit Vorteil für Schwarz (Wedberg).
11. . . . 0—0
Wie soll nun Weiß zur Rochade kommen? 12. Le3 wird erneut mittels 12. . . . Lxd5 widerlegt, und das vorbereitende 12. De2 (um doch noch Le3 spielen zu können)

wird mit 12. . . . Te8 beantwortet, wonach Weiß auf der e-Linie gefährdet ist (13. Le3 f5! 14. 0—0 Lxd5 15. cxd5 fxe4 — +).

12. f5 Lxd5 13. cxd5 Se5 14. Sxe5?!
Relativ besser war 14. Lf4 (Wedberg), wenn auch Schwarz dann etwas besser steht: 14. . . . Sxf3+ 15. Dxf3 Ld4 16. 0—0—0 Df6 17. Td2 g5! mit schwarzfeldriger Blockade und dem Operationsfeld e5 (Plan: Sc5-d7).

14. . . . Dh4+ 15. Kd2 dxe5 16. Kc2 Ld4 17. Tf1 c6 18. d6
18. dxc6 Tfc8 mit Angriff.

18. . . . Sc5 19. f6 Tfd8 20. fxg7

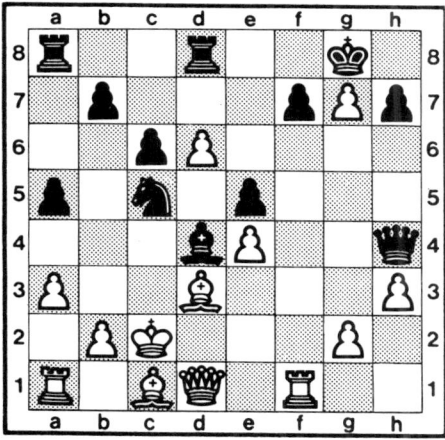

Richtig war nun 20. . . . Sxd3! 21. Dxd3 (21. Df3? Sf2! und gewinnt) 21. . . . Txd6 mit großem, wenn nicht bereits entscheidendem Vorteil für Schwarz, z.B 22. Ld2 (mit der Falle 22. . . . Lxb2?? 23. Df3) 22. . . . De7 23. Df3 f6 nebst . . . Dxg7, . . . Kh8 und . . . Tg8. Schwarz hätte dann einen gesunden Mehrbauern, einen dominierenden Läufer auf d4 und Druck auf der g- und der d-Linie. Dagegen kann Weiß auf der f-Linie nicht viel unternehmen. Es folgte jedoch schwächer:

20. . . . Txd6? 21. Df3 Td7
Oder 21. . . . De7 22. Lc4! — Diesen

soeben aufgelebten Läufer, hätte Schwarz vorher schlagen sollen . . .

22. g3! De7
Aber nicht 22. . . . Dxh3?? 23. Lc4! (drohend Tf1-h1 mit Damenfang) 23. . . . Te7 24. Th1 Dd7 25. Dh5 und Weiß gewinnt.

23. Lc4 Sxe4! 24. Ld3!
Der einzige Zug: 24. Dxe4 Dc5 (25. De2 b5) führt zum Verlust des angreifenden weißen Läufers und Schwarz übernimmt erneut die Regie.

24. . . . Sg5
Mit der Absicht, den Ausfall 25. Dh5 mittels 25. . . . e4! zu widerlegen (26. Lxg5 exd3+ 27. Kb1 De6 usw.).

25. Lxg5 Dxg5 26. h4 Dxg7 27. Tae1 Kh8 28. Te4 Tg8 29. Df5
Nun war 29. . . . Te7 30. Tg4! Dh6! geboten (Wedberg) und Schwarz hätte weiterhin auf Gewinn spielen können. In Zeitnot unterlief ihm jedoch ein grober Fehler:

29. . . . Td6?? 30. Dxf7 Dxf7 31. Txf7 Tg7 32. Tf8+ Tg8 33. Tf7
33. . . . Th6 34. Txb7 Txg3 35. Lc4 (35. . . . Th3?? 35. Tg4, andererseits droht Weiß mit Tb8+ nebst Tg8+ und Txg3) erschien Wedberg in seiner Zeitnot als zu heiß. Daher wiederholte er die Züge und akzeptierte das
Remis.

Fazit:
Aus der Eröffnung kam Schwarz sehr gut heraus. Wie man sieht, ist 6. Sf3 (was . . . Lc5 erlaubt) nicht so gut; Weiß hat Probleme mit der Rochade.
Es ist also naheliegend, den Zug 6. . . . Lc5 zu verhindern und zwar mit 6. Le3. Das ist auch das Hauptthema dieses Abspiels. Vorher schauen wir uns aber kurz noch einen anderen, harmlos erscheinenden, doch giftigen Zug an:

1. d4 Sf6 2. c4 e5 3. dxe5 Sg4 4. e4 Sxe5 5. f4 Sec6 6. a3!?

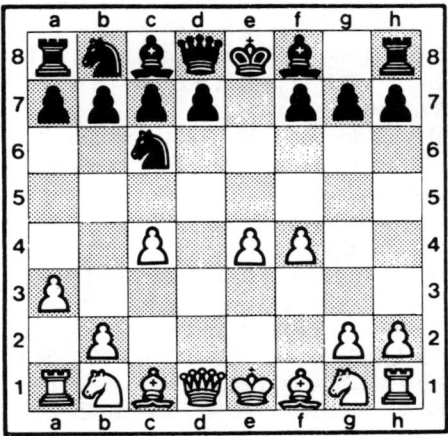

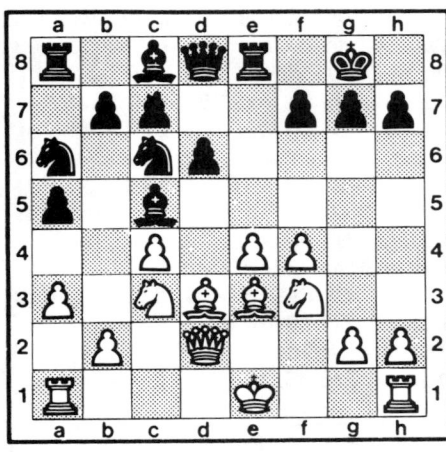

Eine Falle: Nach 6. . . . Lc5?! 7. b4! Lxg1 8. Txg1 Dh4 + (relativ besser ist 8. . . . 0—0, aber dann hat Schwarz keinen Ersatz für das verlorene Läuferpaar) 9. g3 Dxh2 10. Tg2 Dh1 11. Lb2 hat Weiß eine gewaltige Kompensation für den geopferten Bauern.

6. . . . a5 7. Le3 Sa6
Schwarz verfolgt die für das Budapester Gambit typische schwarzfeldrige Strategie und will den Le3 abtauschen. Weiß kann dies kaum verhindern, z.B. 8. Dd5? b6 9. Sf3 Lb7 10. Ld3 Sc5! und Schwarz steht klar besser (11. Lc2 Sb4 12. Dd2 Sxc2 + 13. Dxc2 Lxe4; 11. Lxc5 Lxc5 mit Vorteil für Schwarz). Der Damenzug nach d5 hat sich — wie fast immer im Budapester Gambit — nicht bewährt.

8. Sc3 Lc5 9. Dd2
Schlechter ist 9. Lxc5 Sxc5, weil Schwarz später das „Loch" auf b3 mittels . . . a4 fixieren kann.

9. . . . d6 10. Sf3 0—0 11. Ld3 Te8

Mit etwa gleichem Spiel, z.B. 12. 0—0 Lxe3 + 13. Dxe3 Sc5 14. Lc2 a4 15. Tae1 Le6! (15. . . . f6?! 16. Df2 Lg4 17. Sd4 Dd7

18. Sd5 + — nach Kmoch) 16. Sd5 (16. De2 Sa5!) 16. . . . Sa5 mit verwickeltem Spiel, z.B. 17. Dc3 f6 18. Sd4 Lf7 nebst 19. . . . c6. Der Anschlag 19. Sf5 c6 20. Dg3 wird leicht durch 20. . . . Lg6 pariert.

Fazit:

Das schwarze Gegenspiel in dieser Variante basiert auf den Schwächen b3 und c4 im weißen Lager, verursacht durch den frühzeitigen Vorstoß a2-a3. Wir gehen daher zur Hauptvariante über, in der Weiß auf die Einschaltung der Züge 6. a3 a5 verzichtet.

Hauptvariante des Aljechin-Systems:

1. d4 Sf6 2. c4 e5 3. dxe5 Sg4 4. e4 Sxe5 5. f4 Sec6 6. Le3

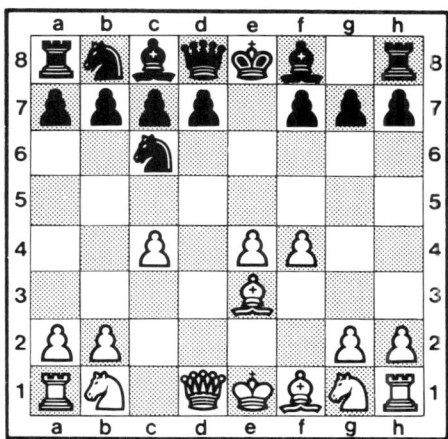

Weiß hat die Entwicklung des gegnerischen Läufers nach c5 verhindert. Dafür bietet sich für den schwarzen Königsläufer ein anderes Feld an:
6. . . . Lb4 +

Weiß hat außer der Hauptfortsetzung noch folgende sinnvolle Möglichkeiten:

A) *7. Kf2 Sa6 8. a3* (8. Sc3 Lxc3 9. bxc3 siehe die später folgende Hauptvariante mit „verschenktem" Tempo Ke1-f2) *8. . . . Lc5* und nun:
a1) 9. b4? Df6! mit Materialgewinn (Doppelangriff gegen Bf4 und Ta1).
a2) 9. Lxc5 Sxc5 10. Dc2 Df6 = +.
a3) 9. Dd2 Df6 10. g3 Lxe3 + 11. Kxe3 Sc5 12. Dc3 De7 13. Lg2 0—0 = + wegen der schlechten Stellung des weißen Königs. Schwarz plant 14. . . . a5 und wenn 14. b4, so . . . Se6 nebst . . . a5! (Feld c5!).

B) *7. Sd2 Dh4 + 8. g3 De7* und hier zitiert die „Enzyklopädie" zwei praktische Beispiele:
b1) 9. Lg2 a5 10. Se2 Sa6 11. 0—0 d6 12. Sb3 Lg4 13. h3 Lxe2 14. Dxe2 a4; Pomar — Heidenfeld, Enschede 1963
b2) 9. Df3 Sa6 10. 0—0—0 Sc5 11. Lxc5 Lxc5 12. Sb3 d6 13. Se2 f5 14. Sxc5 dxc5 15. e5 0—0 (nebst . . . Le6 und . . . Tad8); Visier — O' Kelly, Malaga 1967
mit Ausgleich in beiden Fällen.

Nach 6. . . . Lb4 + wurde in den meisten Partien
7. Sc3
gespielt. Wir untersuchen nun an Beispielen aus der Turnierpraxis folgende Varianten:
1. **7. . . . d6**
2. **7. . . . De7**
3. **7. . . . Dh4 +**

Partie Nr. 18
Tschebotajew — Matschkin
UdSSR 1968
1. d4 Sf6 2. c4 e5 3. dxe5 Sg4 4. e4 Sxe5 5. f4 Sec6 6. Le3 Lb4 + 7. Sc3 d6 8. Dc2 Sa6 9. 0—0—0 Lg4 10. Le2 Lxe2 11. Sgxe2 Dc8 12. Sg3 Lc5 13. Lxc5 Sxc5 14. e5 dxe5 15. Sf5 Se6 16. fxe5 Sxe5?
Zu optimistisch gespielt. 16. . . . 0—0 war geboten, nebst . . . De8 und . . . Td8. Freilich steht Schwarz hier recht passiv.
17. The1 f6 18. Se4
Durch den Bauernraub auf e5 brachte sich

Schwarz selber um die Möglichkeit zu rochieren: Das Feld e7 ist nun gegen die Springergabel nicht geschützt.

18. . . . Kf8 19. Df2 Sf7 20. Sc5 Sxc5 21. Dxc5+ Sd6 22. Txd6! cxd6 23. Dxd6+ Kf7 24. De7+ Kg6 25. Dxg7+ Kxf5 26. g4+ Kf4 27. Dxf6+
Nebst Matt in zwei Zügen.
Schwarz gab auf.

Der Aufbau mit 7. . . . d6 brachte dem Nachziehenden eine ziemlich passive Stellung ein. Vor allem deshalb, weil dieser Zug nichts gegen das weiße Bauernzentrum unternimmt. In der nächsten Partie übt Schwarz sofort Druck gegen den weißen Bauern e4 aus:

Partie Nr. 19
Aljechin — Seitz
Hastings 1925/26
1. d4 Sf6 2. c4 e5 3. dxe5 Sg4 4. e4 Sxe5 5. f4 Sec6 6. Le3 Lb4+ 7. Sc3 De7

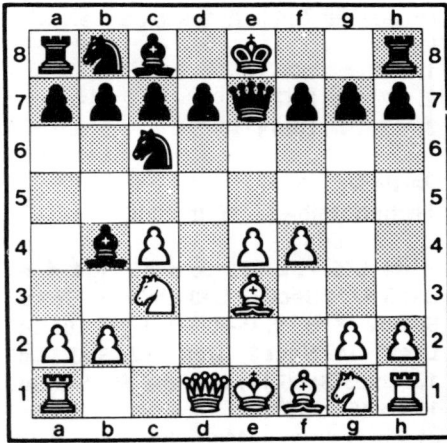

Hier reagiert Schwarz (im Vergleich zu der Partie Nr. 18) schon besser; der Be4 wird sofort aufs Korn genommen.

8. Ld3 f5?
Aber doch nicht so! Merkregel: *Der Druck gegen den Be4 muß mit Figuren geführt werden!* Besser war 8. . . . Lxc3+ 9. bxc3 Sa6 10. Df3 Sc5 11. Lc2 b6 nebst Lb7 und 0—0—0. Eine ähnliche Idee, in einer noch verbesserten Form, sehen wir in der nächsten Partie.

9. Dh5+!
Ein weitsichtiges Manöver. Durch das erzwungene g7-g6 wird die Diagonale a1-h8 geschwächt. Dort wird in der Folge der Le3 große Taten vollbringen (siehe auch die Anm. von Aljechin zum 16. Zug von Schwarz).

9. . . . g6 10. Df3 Lxc3+ 11. bxc3 fxe4?
Relativ besser war 11. . . . d6, wenn auch Weiß nach z.B. 12. Se2 0—0 13. Sg3 Sa6 14. 0—0 Ld7 15. Tab1 mehr vom Spiel hat.
12. Lxe4 0—0 13. Ld5+ Kh8 14. Sh3 d6 15. 0—0 Lxh3 16. Dxh3 Dd7
Aljechin gab folgende Variante an: 16. . . . Sd7 17. Tae1 Dg7 18. f5 g5 19. Tb1 Tab8 20. f6 Sxf6 21. Lxc6 bxc6 22. Txb8 Txb8 23. Ld4 Tf8 24. De6 und gewinnt.
17. f5!

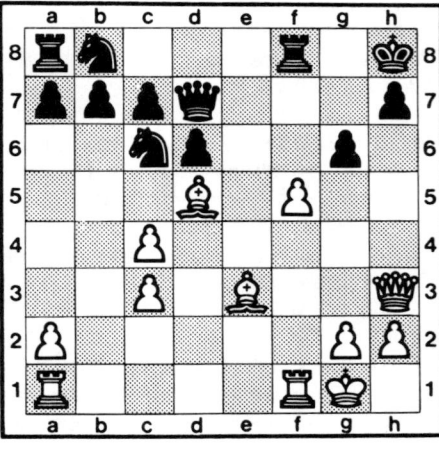

Der entscheidende Zug. Nach 17. . . . Txf5

18. g4! Txf1+ 19. Txf1 gewinnt Weiß im Angriff, z.B. 19. . . . Dg7 20. Lh6; 19. . . . De7 20. Tf7; 19. . . . Sd8 20. Ld4+ usw.
17. . . . gxf5 18. Tab1!
Weiß will den Zug . . . b6 provozieren, wonach die Stellung des Sc6 unsicherer wird. Diese Idee wird verdeutlicht durch die von Kotow angegebene Variante: 18. . . . b6 19. Tbe1 (drohend 20. Lh6 nebst 21. Txf5) 19. . . . Sa6 20. Lxc6 Dxc6 21. Ld4+ Kg8 22. Dg3+ usw.
In einer sehr schlechten Stellung versucht Schwarz sich durch Damentausch zu entlasten:
18. . . . f4 19. Lxf4 Dxh3 20. Le5+!
Mit der Folge 20. . . . Sxe5 21. Txf8+ Kg7 22. Tg8+ Kh6 23. gxh3 und gewinnt.
Schwarz gab auf.

Einen interessanten Verbesserungsversuch unternimmt in der letzten Partie dieses Kapitels Karl Gilg, ein tschechoslowakischer Meister deutscher Herkunft, der sich nach dem 2. Weltkrieg in der Bundesrepublik niederließ. Er konnte das Spiel überzeugend ausgleichen. Zwar verlor Gilg schließlich diese Partie, aber man darf dabei nicht vergessen, daß sein Gegner, Paul Keres, zu den größten Schachpersönlichkeiten des 20. Jahrhunderts gehört.

Partie Nr. 20
Keres — Gilg
Prag 1937
1. d4 Sf6 2. c4 e5 3. dxe5 Sg4 4. e4 Sxe5 5. f4 Sec6 6. Le3 Lb4+ 7. Sc3 Dh4+!
Ähnlich dem Aljechin-Manöver aus der vorigen Partie. Auch hier soll das Damenschach eine Diagonale schwächen und dadurch den Wirkungsgrad des Damenläufers erhöhen. Es liegt nahe, daß Schwarz in der Folge seinen Läufer eben auf diese Diagonale entwickelt, also nach b7.
8. g3 Lxc3+ 9. bxc3 De7 10. Ld3

Nach 10. Lg2 erhält Schwarz vollwertiges Spiel mit 10. . . . b6, z.B. 11. Se2 Lb7 12. 0—0 Sa6 nebst 0—0—0 und . . . Sc5.
10. . . . Sa6 11. Lc2!
Um 11. . . . Sc5 mit 12. Dd5 beantworten zu können.
11. . . . b6 12. Sf3 Sc5 13. 0—0!
Der Be4 ist vergiftet: 13. . . . Sxe4? 14. Lxe4 Dxe4 15. Lxb6! nebst Te1.
13. . . . Lb7 14. e5 0—0—0 15. Sd4

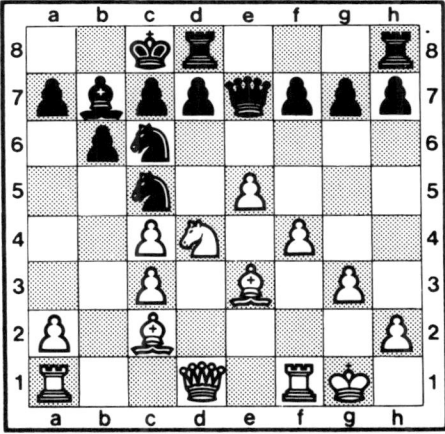

Das Spiel steht gleich. Schwarz hätte nun 15. . . . g6! spielen sollen, was das Feld f5 für den weißen Springer unzugänglich macht und eigene Aktivitäten, wie z.B. . . . f6, . . . d6 oder . . . Sa5 vorbereitet.
Nach der riskanten Partiefortsetzung übernimmt Weiß die Initiative:
15. . . . f6? 16. Sf5 Df8 17. Ld4 g6 18. Se3 fxe5 19. fxe5 Dh6 20. Sd5 Se6 21. Dd3 Thf8 22. Tf6
Nach Vasconsellos (in „Staker") konnte Schwarz hier ausgleichen: 22. . . . Scxd4 23. cxd4 Lxd5 24. Txf8 Txf8 25. cxd5 Sg5 26. Tf1 Sh3+ (27. Kg2 Txf1 28. Kxf1). Diesem Urteil kann sich der Autor nicht anschließen. Dieses Endspiel ist besser für Weiß, der z.B. mit Lb3 und e5-e6 fortsetzen kann.

22. . . . Dh5 23. Te1 Scxd4 24. cxd4 Lxd5

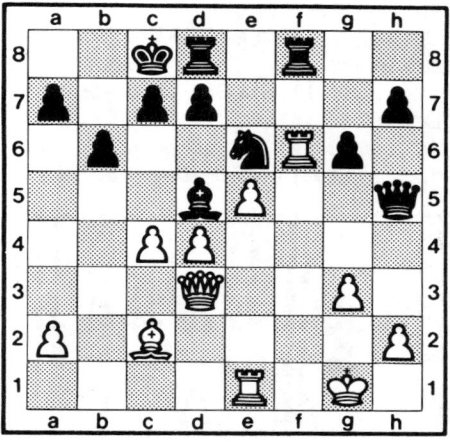

Scheinbar hatte Schwarz mit 22. . . . Dh5

Recht behalten: 25. cxd5 Txf6 26. exf6 Dxd5 oder 25. Txf8 Txf8 26. cxd5 Sg5. Es folgt jedoch eine Überraschung:

25. Ld1! Lxc4
Wenn die schwarze Dame zieht, so kann Weiß schon Txf8 nebst cxd5 spielen; der Punkt f3 wäre dann — im Gegensatz zu der vorherigen Variante — fest in der Hand des Anziehenden.

26. Dxc4 Dg5 27. Lf3 Kb8 28. Dd5 c6 29. Dd6 + Kb7 30. Txf8 Txf8
Oder 30. . . . Sxf8 31. e6! Sxe6 32. Txe6! mit Figurengewinn, da 32. . . . dxe6 zum Matt führt: 33. Dxc6 + Ka6 34. Da4 Matt.

31. Dxd7 + Sc7 32. Dxc6 + Schwarz gab auf.

Ungeachtet dieser Niederlage (gegen einen Weltklasse-Spieler!) verdient die fast fünfzig Jahre alte Idee von Karl Gilg nach wie vor Beachtung.

Seltene Systeme

1. d4 Sf6 2. c4 e5 3. dxe5 Sg4

Die „seltenen Systeme" werden in zwei Gruppen unterteilt:

Im **1. Abspiel** deckt Weiß den Be5 mit verschiedenen Zügen, außer 4. Sf3 und 4. Lf4 (denn dies ist das Thema der ersten beiden Kapitel dieses Buches).

Im **2. Abspiel** werden sonstige Züge untersucht.

1. Abspiel

Weiß deckt den Be5 anders als mittels Sf3 bzw. Lf4. In der Praxis kamen (sporadisch) drei Züge vor:

4. f4	**Abschnitt A**
4. Dd4	**Abschnitt B**
4. Dd5	**Abschnitt C**

Abschnitt A

1. d4 Sf6 2. c4 e5 3. dxe5 Sg4 4. f4?

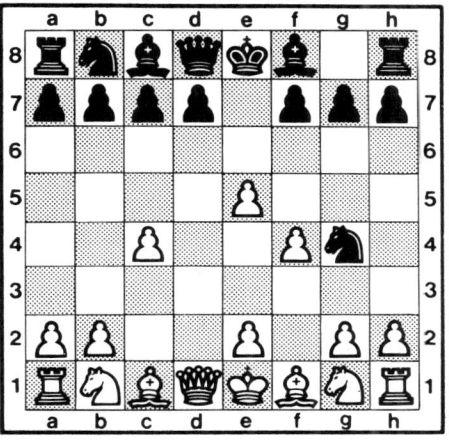

Schwarz setzt zunächst mit
4. . . . Lc5
fort, und verursacht damit „Unordnung" im weißen Lager. 5. e3 Sxe3 6. Lxe3 Lxe3 ergibt augenscheinlich besseres Spiel für Schwarz. Nach
5. Sh3 d6 6. exd6 cxd6 7. e4 0—0 8. Sc3 Te8
hat Schwarz für den geopferten Bauern glänzendes Spiel, z.B. 9. Ld3 Dh4 + 10. Kd2 Se3 11. De2 Lg4 — +, oder 9. g3 Sc6 10. Ld3 Df6 11. Sd5 (11. Ld2 Dh6!) 11. . . . Dh6! und Schwarz gewinnt (12. Sc7 Dxh3 13. Sxe8 Dg2 14. Tf1 Sf2 — + (15. Dd2 Lb4; 15. Dc2 Sb4; 15. De2 Lg4; 15. Db3 Sa5 16. Dc3 Lb4).

Die Variante 4. f4? ist schlecht. Weiß verliert Zeit und schwächt die Diagonale g1-a7.

Abschnitt B

1. d4 Sf6 2. c4 e5 3. dxe5 Sg4 4. Dd4?!

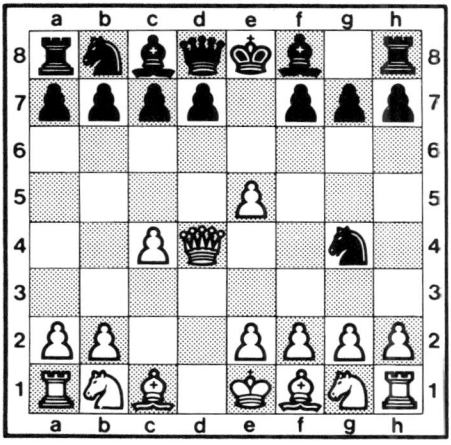

Mit diesem Zug deckt Weiß nicht nur den Be5, sondern er greift auch gleichzeitig den Sg4 an. Daher entbehrt 4. Dd4 nicht einer gewissen Logik; interessanterweise wird er von vielen Schachcomputern gespielt.
Doch dieser Zug hat einen Nachteil: Die Dame steht auf d4 exponiert und lädt förmlich zu . . . Sc6 mit Tempogewinn ein. Zunächst muß jedoch etwas zur Rettung des Sg4 unternommen werden:

Partie Nr. 21
Laszlo — Abonyi
Budapest 1933
1. d4 Sf6 2. c4 e5 3. dxe5 Sg4 4. Dd4 d6 5. exd6
Oder 5. Sf3 Sc6 mit bequemem Rückgewinn des Be5 unter Tempogewinn, da die weiße Dame ziehen muß.
5. . . . Lxd6

Es droht natürlich . . . Lb4 + mit Damengewinn. Ein weiterer Bauernraub vergrößert nur die ohnehin gefährliche Initiative des Nachziehenden: 6. De4 + (6. Dxg7 Le5!) 6. . . . Le6 7. Dxb7 Sd7 8. e3 0—0 9. Sf3 Sc5 10. Db5 Tb8 11. Da5 (oder 11. Dc6 Tb6) 11. . . . Sd3 + nebst . . . Lb4 + oder . . . Sxf2 — 0:1 in einer Computerpartie.

6. Sf3 0—0 7. h3

Auch nach 7. Sc3 ist der schwarze Entwicklungsvorsprung praktisch entscheidend, z.B. 7. . . . Sc6 8. Dd1 Lc5 9. e3 Dxd1 +! 10. Sxd1 Sb4

7. . . . Sc6 8. De4

8. Dd1 wird sofort widerlegt: 8. . . . Sxf2! (9. Kxf2 Lg3 + mit Damengewinn).

8. . . . Te8 9. Dc2 Sb4 10. Dc3

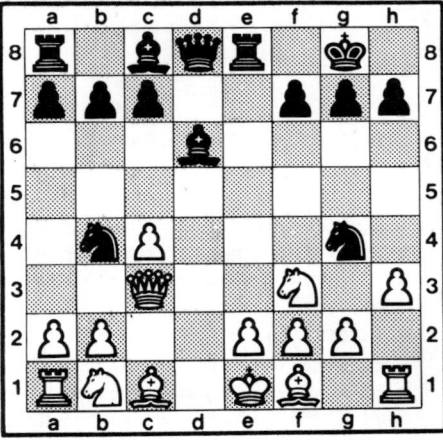

Schwarz steht überlegen, und er konnte nun die Partie entscheiden mit 10. . . . Sd3 +! (auch 10. . . . Lf5! gewinnt) 11. Dxd3 (11. Kd2 Lb4; 11. Kd1 Sdxf2 +) 11. . . . Lb4 + mit Damengewinn nach 12. Kd1 Sxf2 + oder 12. Ld2 Dxd3. Statt dessen wählt er einen zugegebenermaßen sehr effektvollen, aber weniger effektiven Zug:

10. . . . Se3?!

Der Eindringling ist unverletzlich, denn nach 11. fxe3?? folgt . . . Lg3 Matt, und 11. Lxe3 Txe3 12. Dd2 (12. Dxe3 Sc2 +; 12. fxe3 Lg3 Matt) 12. . . . Sd3 + 13. Kd1 Sxf2 + 14. Ke1 Sxh1 führt zum Turmgewinn für Schwarz, da der Te3 zum wiederholten Male tabu ist (15. Dxe3?? Lg3 + nebst Matt).

Außerdem droht 11. . . . Sec2 +. Deshalb überdeckt Weiß das Feld c2:

11. Sa3 Sbc2 + 12. Sxc2 Lb4

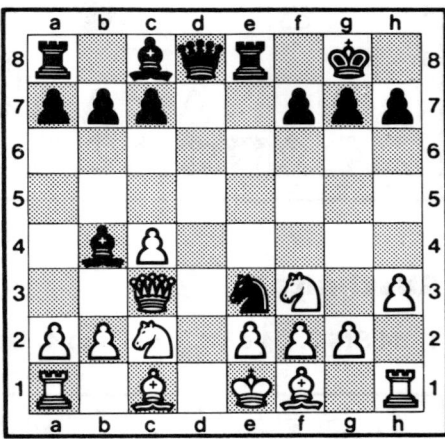

Natürlich ist dieser Läufer nicht zu schlagen, wegen Dd1 Matt bzw. Sxc2 Matt, aber nach 13. Lxe3 Lxc3 + 14. bxc3 konnte Weiß noch kämpfen. Der „große Bluff" hat jedoch gewirkt. Von der Serie der unerwarteten Züge offenbar moralisch erschüttert **gab Weiß auf.**

Ein wahres Kuriosum. Was die Variante 4. Dd4 betrifft, so ist abschließend festzustellen, daß sie nicht viel taugt, denn die Angriffe auf die viel zu früh ins Spiel gekommene weiße Dame fördern die Entwicklung des Schwarzen erheblich.

Abschnitt C

1. d4 Sf6 2. c4 e5 3. dxe5 Sg4 4. Dd5

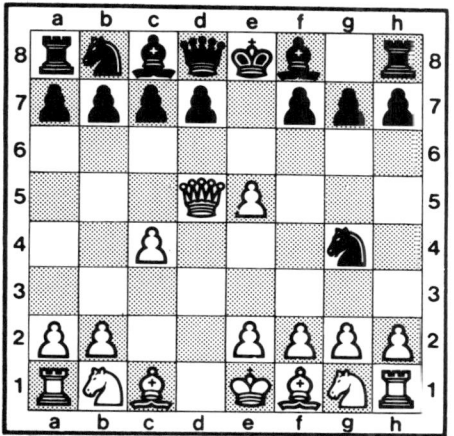 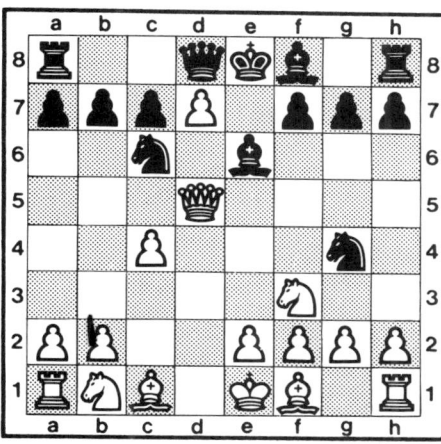

Auch hier ist die schnelle Mobilisierung des Damenflügels die richtige Methode:

4. . . . Sc6 5. Sf3

5. f4 Sb4 6. De4 Lc5 7. Sh3 0—0 8. Sc3 f5 9. exf6 e. p. Sxf6 10. Db1 d5 11. a3 Sc6 12. cxd5 Sxd5 13. Da2 Le6 mit Vorteil für Schwarz — Enzyklopädie.

5. . . . d6

Weiß hat nun zwei Möglichkeiten:

A) 6. Lg5
B) 6. exd6

A) *6. Lg5 Le7 7. Lxe7 Sxe7 8. De4 dxe5* und Schwarz steht gut. Nach *9. Sxe5?* schnappt die „Schlechter-Falle" (nach dem österreichischen Großmeister Karl Schlechter benannt) zu: *9. . . . Dd1 + !! 10. Kxd1 Sxf2 +* mit klarem Vorteil für Schwarz.

B) *6. exd6 Le6! 7. d7 +* (oder 7. Dd1 Lxd6 8. e3 Df6 mit Vorteil für Schwarz

— Enzyklopädie; bzw. 7. dxc7 Dxc7 8. Dd1 Lb4 + 9. Ld2 0—0—0 mit starkem Angriff) *7. . . . Lxd7.* Schwarz hat einen großen Entwicklungsvorsprung. Staker gibt *8. a3* als gut für Weiß an (mit der Idee, . . . Lb4 + oder . . . Sb4 zu verhindern); dies ist jedoch eine völlig falsche Einschätzung, man sehe: *8. . . . Df6 9. Sc3* (9. Dg5 Dxg5 10. Sxg5 Sd4 — +) *9. . . . Le6* und nun:

b1) 10. De4 Lc5 11. e3 0—0—0 nebst . . . The8 — +;

b2) 10. Dg5 Dxg5 11. Sxg5 Sd4 — +;

b3) 10. Dd1 Lxc4 11. Lg5 De6 mit Vorteil für Schwarz;

b4) 10. Dd3 Sce5 11. De4 (11. Sxe5?? Dxf2 +; 11. Dc2 Lxc4) 11. . . . Lc5 12. e3 0—0—0 mit reichhaltiger Kompensation für den Bauern.

Auch in der Variante 4. Dd5 erhält Schwarz ein gutes Spiel durch Angriffe auf die exponiert stehende weiße Dame.

2. Abspiel

Im 4. Zug kamen in der Praxis noch folgende Züge vor:

4. e3 Sxe5 5. Sf3 Sbc6 mit Übergang zum Springer-System (1. Kapitel).

4. Sc3 Sxe5 mit Übergang zum Springer-System (nach etwa 5. e3 nebst Sf3), oder Läufer-System (nach 5. Lf4).

4. a3 Sxe5 5. b3 g6 6. Lb2 Lg7 7. Dc2 (sonst ... Sd3+ und ... Lxb2) 7. ... 0—0 8. Sc3 (8. e3 d5! drohend ... Lf5) 8. ... Sbc6 9. e3 d6 10. Le2 Te8 mit aktiverer Stellung für Schwarz 11. Sf3 Lf5! 12. e4 Sxf3+ 13. Lxf3 Sd4 14. Dd1 Sxf3+ 15. gxf3 — 15. Dxf3? Lxe4 — 15. ... Dg5 usw.

Nähere Untersuchung verdient
4. e6
Laut „Enzyklopädie" gleicht Schwarz aus nach: 4. ... dxe6 5. Dxd8+ Kxd8 6. Sc3 Lc5 7. e3 Ld7 8. Le2 Sf6 9. Sf3 Sc6 10. 0—0 a6 11. a3 a5 12. b3 Ke7 =.
An diesem Urteil ist nicht zu rütteln, doch die entstandene Stellung ist möglicherweise nicht nach dem Geschmack der Anhänger des Budapester Gambits. Die „Unzufriedenen" finden in der nachfolgenden Partie eine interessante Anregung:

Partie Nr. 22
Rasin — Ivanow
UdSSR 1979
1. d4 Sf6 2. c4 e5 3. dxe5 Sg4 4. e6 Lb4+ 5. Ld2 Df6!? 6. exf7+ Kxf7
Von dem Lb4 läßt Weiß besser die Finger: 7. Lxb4? Dxf2+ 8. Kd2 Se3 nebst ... Sxf1+
7. Sf3 Dxb2 8. Lxb4 Dxb4+ 9. Sd2 Te8 10. e3 De7 11. h3

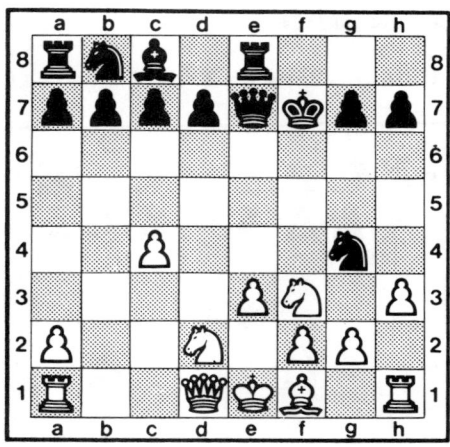

Schwarz hat eine gute Stellung erreicht, und sollte nun mit 11. ... Sf6 fortsetzen, z.B. 12. Ld3 d6 13. 0—0 Sbd7 14. Sb3 (gegen 13. ... Sc5 gerichtet) 14. ... a5 15. a4 b6 nebst ... Lb7, ... Kg8 usw. Schwarz steht etwas besser.
In der Partie setzte Schwarz schlecht fort:

11. ... Se5? 12. Sxe5+ Dxe5 13. Ld3
Da dem Schwarzen nun der wichtige Verteidiger (der Sf6) fehlt, bekommt Weiß einige Chancen am Königsflügel. Auch das weitere Spiel von Schwarz läßt zu wünschen übrig:

13. ... g6 14. 0—0 Sc6 15. Kh1 Kg7 16. Tb1 Se7 17. Tb5 d5 18. cxd5 Sxd5 19. f4 Dd6 20. Se4 Dd8 21. Da1+ Sf6 22. Td1 Tf8 23. g4 Ld7 24. Td5 Kg8 25. Sxf6+ Txf6 26. Txd7
Schwarz gab auf.

Das Fajarowicz-Gambit

1. d4 Sf6 2. c4 e5 3. dxe5 Se4!?

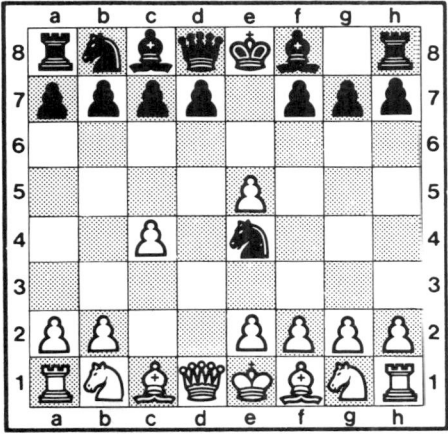

Die Idee zu diesem Gambit soll in den Leipziger Schachkreisen entstanden sein. Die internationale Premiere fand bei einem Turnier in Wiesbaden 1928 statt, in der Partie *H. Steiner — Fajarowicz.* Wie wir im 2. Kapitel sehen werden, geriet Weiß bereits nach wenigen Zügen in eine fast verlorene Stellung. Dies war die Geburtsstunde eines neuen Eröffnungssystems.

Bevor wir uns der systematischen Untersuchung zuwenden, betrachten wir die Ausgangsstellung des Fajarowicz-Gambits und stellen einige allgemein gehaltene Überlegungen an.

Alle weißen und schwarzen Figuren befinden sich noch einvernehmlich in ihren „Startlöchern". Eine Ausnahme bildet der schwarze Springer. Steht der Gaul nun gut oder schlecht? — Von der Beantwortung

dieser Frage hängt die Bewertung der ganzen Variante stark ab.
Wann steht überhaupt eine Figur gut? — Nach allgemein anerkannten Grundsätzen der Schachstrategie steht eine Figur gut, wenn sie
a) Viele (wichtige) Felder beherrscht.
b) Nicht leicht bedroht bzw. vertrieben werden kann.

Wie steht nun der schwarze Zentralspringer?

Die Vorbedingung a) dürfte klar erfüllt sein. Das zentrale Feld e4 ist wahrscheinlich ein Traumplatz für den schwarzen Springer, der u. a. die natürliche Entwicklung Sb1-c3 erschwert. Auch ist in einigen Varianten der Punkt f2 bedroht.

Was die Vorbedingung b) anbelangt, so ist die Sache nicht so einfach zu beantworten. Wie wir in der Folge sehen werden, ist zwar der Se4 leicht anzugreifen, er wehrt sich jedoch wie ein störrischer Esel, indem er wild um sich tritt! Der radikale Rausschmiss des Se4 mittels *4. f3??* endet für Weiß traurig: *4. . . . Dh4+ 5. g3 Sxg3* mit Materialgewinn. Der schwarze Springer mußte zwar letzten Endes doch dran glauben, hat jedoch seine Haut ganz schön teuer verkauft!

Nun ist es aber so, daß sich Ihr Gegner möglicherweise im Fajarowicz-Gambit gar nicht auskennt und auch nicht unbedingt die richtigen strategischen Überlegungen anstellt. Vielleicht verlaufen die Gedankengänge etwa so: „Ich möchte den Se4 mit meinem f-Bauern angreifen, dies geht jedoch nicht sofort, wegen Dh4 + . Also decke ich einfach zuerst das Feld g3 und ziehe erst dann f2-f3." Dadurch könnte sich z. B. folgende Variante ergeben:

4. Lf4?! Sc6 5. f3? (in der Tat geht nun 5. . . . Dh4 + wegen 6. g3 mit Figurenverlust nicht, aber . . .) **5. . . . Lb4 + 6. Sd2 Lxd2 + 7. Lxd2 Dh4 +** (jetzt doch!) und Schwarz gewinnt. Man beachte die für das Fajarowicz-Gambit typische Entlastungsmethode mit Lb4 + .

Der entscheidende Fehler war 5. f3?; nach 5. Sf3 geht das Spiel durch Zugumstellung in die Variante mit 4. Sf3 über — siehe 3. Kapitel.

Dort werden auch alle anderen „nichttheoretischen" Fortsetzungen besprochen.

Weiß kann den Se4 also nur mit Figuren angreifen. Im Augenblick stehen zu diesem Zweck nur zwei weiße Figuren zur Verfügung: Der Sb1 und die Dd1.

Der weiße Springer kann zwar im Prinzip nach c3 entwickelt werden, aber nach **4. Sc3? Lb4** hat Schwarz sofort mehr vom Spiel, man sehe:

5. Ld2 Lxc3 6. bxc3 Sc6 7. Sf3 De7 oder
5. Dc2 Sxc3 6. bxc3 La5 7. Sf3 0—0
8. Lg5 De8 nebst Sc6 in beiden Fällen mit Rückgewinn des Bauern und besserem Spiel für Schwarz wegen des schwachen Doppelbauern c3/c4.

Somit bleiben nur noch folgende Möglichkeiten für Weiß, den Se4 anzugreifen:

1. Kapitel
Diverse Damenzüge auf der d-Linie (4. Dd3; 4. Dd4; und 4. Dd5).

2. Kapitel
Der Angriff mittels 4. Dc2

3. Kapitel
Das System mit 4. Sf3, sowie wenig gebräuchliche Systeme.

1. Kapitel

1. d4 Sf6 2. c4 e5 3. dxe5 Se4

Im ersten Kapitel werden nach den obigen Ausgangszügen verschiedene Angriffe auf den Se4 durch Damenzüge untersucht.

4. Dd3	**1. Abspiel**
4. Dd4	**2. Abspiel**
4. Dd5	**3. Abspiel**

1. Abspiel:

1. d4 Sf6 2. c4 e5 3. dxe5 Se4 4. Dd3

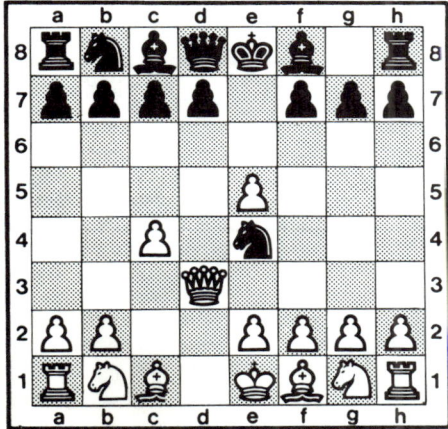

Nach dem naheliegenden Zug
4. . . . Sc5
stellt sich für Weiß die Frage: Wohin mit der Dame?

A) **5. Dd5?** Sc6 und Weiß hat im Vergleich mit dem 3. Abschnitt (4. Dd5) ein Tempo verloren.

B) **5. Dc2?** zieht einen Tempoverlust nach sich (warum nicht gleich 4. Dc2, wie im 2. Kapitel?). Die 1. Demonstrationspartie veranschaulicht, wie Schwarz das gegnerische Zaudern ausnutzen kann.

C) **5. Dc3** führt durch Zugumstellung zu der Stellung, die im 2. Abspiel besprochen wird. Dort ist die Zugfolge anders (4. Dd4 Sc5 5. Sf3 Sc6 6. Dc3); es spielt jedoch keine Rolle, ob diese Stel-

lung durch Dd4-c3 oder Dd3-c3 erreicht wurde.

Der Zug 4. Dd3 kann nur dann einen Sinn haben, wenn die weiße Dame nach dem Angriff 4. . . . Sc5 eine aktive Stellung einnehmen kann. Einen solchen Rehabilitationsversuch stellt **5. Dg3** dar und wird in der 2. Demonstrationspartie näher betrachtet.

Demonstrationspartie Nr. 1

1. d4 Sf6 2. c4 e5 3. dxe5 Se4 4. Dd3 Sc5 5. Dc2? Sc6 6. Sf3 d6 7. Lg5 Dd7!

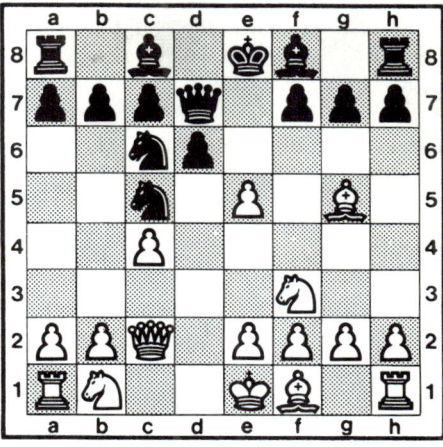

Dieses Motiv kommt im Fajarowicz-Gambit öfter vor. Schwarz weicht dem Läuferabtausch aus und bringt seine Dame auf das Feld f5, wo sie wichtige Felder, wie d3 und h5 erreichen bzw. kontrollieren kann.

8. exd6 Lxd6 9. e3 Sb4 10. Dc3 Df5!
Auch dieses Motiv ist eine Standardwendung; 11. Dxb4?? scheitert natürlich an Sd3+ und Lxb4+.
Ferner bekommt Schwarz nach 11. Dxg7 Sc2+ 12. Kd1 Tf8 Oberwasser, z.B. 13. Sd4 Sxd4 nebst . . . Se6 mit Figurengewinn, oder 13. Sh4 Dxf2 mit klarem Vorteil für Schwarz.
11. Sa3 0—0
Es droht Figurenverlust nach 12. . . . Se4.
12. Lh4 Te8 13. Td1
Die denkbare Variante 13. Le2 Sbd3+ 14. Lxd3 Sxd3+ 15. Ke2 Sf4+ 16. Kf1 Sxg2 17. Kxg2 Dh3+ 18. Kg1 Dxf3 veranschaulicht die Schwierigkeiten des Anziehenden.
13. . . . Dh5 14. Le2 Lg4 15. Lg3
Sonst geht nach Lxf3 der Lh4 verloren.
15. . . . Se4 16. Db3 Lxg3 17. fxg3 Sxg3 18. Tg1 Sxe2 19. Kxe2 Lxf3+ 20. gxf3 Dxh2+ 21. Kf1 Tad8
Weiß hat gegen die zahlreichen Drohungen keine befriedigende Verteidigung: 22. Txd8 Txd8 nebst . . . Td2 oder (nach 23. Sb1) . . . Sd3; 22. Tg2 Dh1+; 22. Te1 Td2; 22. Sb1 Sc2 usw.   **0:1.**

Demonstrationspartie Nr. 2

1. d4 Sf6 2. c4 e5 3. dxe5 Se4 4. Dd3?! Sc5 5. Dg3
So soll der Be5 gedeckt und die Entwicklung des Lf8 erschwert werden — der Bg7 hängt ja.
5. . . . Se6 6. Sf3 Sc6
Weiß hat außer dem Textzug noch zwei weitere Möglichkeiten.
A) **7. Sc3 Sb4** und wegen der Drohung 8. . . . Sc2+ verliert Weiß die Rochade und bleibt mit seinem König im Zentrum. Dies kann kaum gutgehen.
B) **7. a3** verhindert zwar den Ausfall 7. . . . Sb4, tut aber nichts für die Entwicklung. **7. . . . d6** Hier und in ähnlichen Stellungen ist die Annahme des

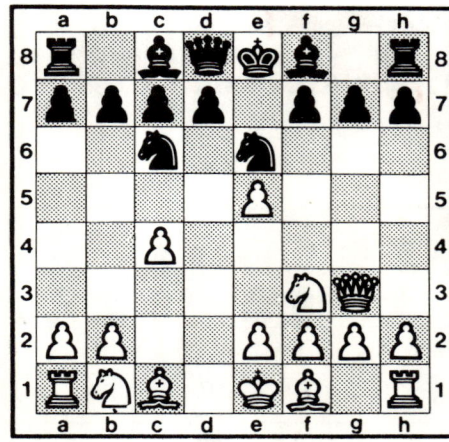

(Stellung nach 6. . . . Sc6)

Bauernopfers „tödlich": **8. exd6? Lxd6 9. Dg4** (noch schlechter ist 9. Dh3 Sed4 10. Dh4 Sc2+) Nach 9. . . . Sed4 würde jetzt 10. De4+ folgen. **9. . . . 0—0 10. De4** (was sonst gegen den Abzug 10. . . . Sed4 gefolgt von 11. . . . Sc2+) **10. . . . Te8 11. Dc2 Sed4 12. Sxd4 Sxd4 13. Dd1** (das war aber ein total mißlungener Damenausflug, oder?) **13. . . . Lf5 — 0:1.**

Weiß darf also nicht 8. exd6 ziehen, sondern 8. Sc3 dxe5 9. Sxe5 Sxe5 10. Dxe5 Ld6, allerdings wird er schon wieder gejagt. Deshalb lieber:
7. e3 d6 8. Le2 dxe5 9. Sxe5?!
Vergessen Sie bitte nicht, daß die Aufgabe einer Demonstrationspartie darin besteht, die ständige Frage „Was wäre, wenn . . ." in möglichst vielen praxisbezogenen Fällen zu beantworten. Natürlich muß Weiß den Be5 nicht schlagen, aber dann steht Schwarz besser, ohne materiellen Nachteil zu haben.
9. . . . Sb4! 10. Sa3 Ld6!
Es droht 11. . . . f6, deshalb
11. f4 Lxe5 12. fxe5 Sd3+ 13. Lxd3

**Dxd3   14. Df2   0—0   15. De2   Sc5
16. Dxd3**

16. b4? Dc3+ usw.

16. . . . Sxd3+ 17. Ke2 Sxe5 18. h3

Sonst fährt Schwarz aktiv mit Lg4+ fort.

**18. . . . Lf5 19. Td1 Tad8 20. Txd8
Txd8 21. b3 Le4 22. g3 Lf3+ 23. Kf2
Td1**

Verhindert die Entwicklung 24. Lb2 wegen
Td2+

24. Sc2

Es hilft auch nicht 24. Sb5 Lh5 (drohend
Sd3+) 25. g4 Lg6 26. Ke2 Th1 27. Sxc7
Sd3 mit Figurengewinn.

24. . . . Le4 25. Se1

25. Sd4? Sd3+ und Txc1. Nun hofft Weiß,
sich mit 26. Ke2 zu befreien.

25. . . . Ld3!

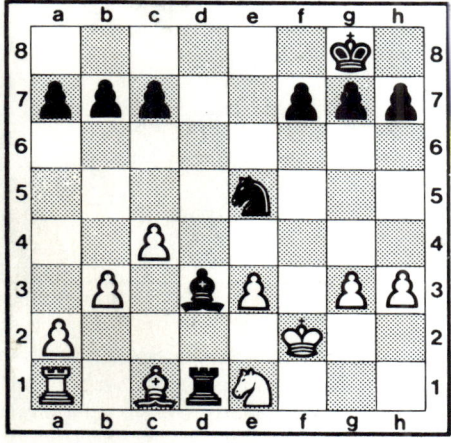

Weiß befindet sich in totalem Zugzwang.
Sein Turm kann nicht ziehen, sein Läufer
auch nicht (26. Lb2 scheitert noch immer
an Td2+). Auch sein Springer hat keine
Züge: 26. Sf3 Tf1+ und Sxf3; 26. Sg2 Tf1
Matt. Schließlich gehen dem Weißen auch
die Bauernzüge aus — Schwarz kann zum
Schluß „sadistisch" mit seinem König Tem-
pozüge machen! Also **0:1.**

*Fazit: Nach 4. Dd3 gewinnt Schwarz ein
Tempo (4. . . . Sc5) und übernimmt die
Initiative. Nach 5. Dg3 sichert Schwarz
mittels 5. . . . Se6 den Punkt g7 und geht
dann aktiv im Zentrum vor (. . . d6).*

2. Abspiel

1. d4 Sf6 2. c4 e5 3. dxe5 Se4 4. Dd4

Es fällt gleich auf, daß die weiße Dame bald wieder weg muß: Sb8-c6 hängt in der Luft. Zunächst muß jedoch der angegriffene schwarze Springer ziehen. Wieder ist c5 das richtige Feld:

4. . . . Sc5 5. Sf3 Sc6

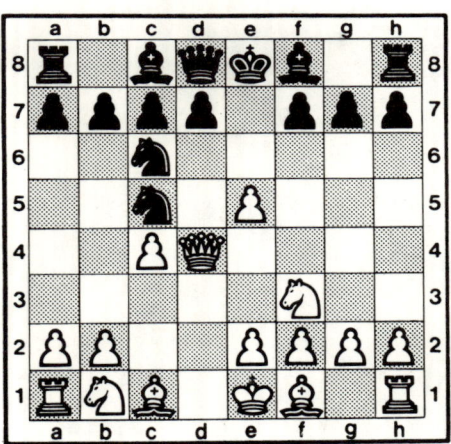

Die weiße Dame hat nun eine Vielzahl an Rückzügen:

A) **6. Dc3.** (Darauf wurde bereits im 1. Abspiel hingewiesen. Dort lautete die Zugfolge: 4. Dd3 Sc5 5. Dc3 Sc6 6. Sf3) **6. . . . Se6 7. a3** (sonst . . . Lb4) **g5 8. h3 Lg7 9. e3 d6** und Schwarz gewinnt den Bauern mit aktivem Spiel zurück.

B) **6. Dd5 d6 7. Lg5 Dd7 8. exd6 Lxd6 9. Sc3 Sb4 10. Dd2 De6** (drohend . . . Sbd3+ nebst . . . Sxf2+) **11. e3**

Dg6 mit klarem Vorteil für Schwarz; es droht . . . Sc2+ und nach 12. Tc1 folgt 12. . . . Sbd3+ usw.

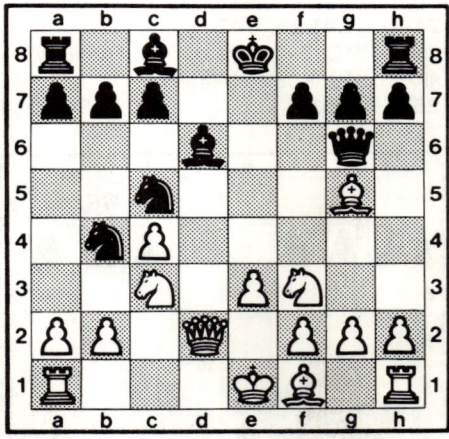

Alle anderen Damenrückzüge sind entweder mit weiterem Zeitverlust verbunden (6. Dd1), verstellen eigene Figuren (6. Dd2) oder setzen die Dame weiteren Angriffen aus (6. Dg4 d6; 6. Dh4 Le7; 6. Df4 Se6).

Somit wäre 4. Dd4 als für Weiß unbefriedigend nachgewiesen.

3. Abspiel

1. d4 Sf6 2. c4 e5 3. dxe5 Se4 4. Dd5

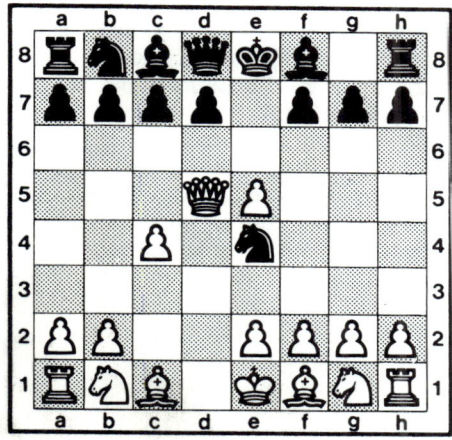

Außer der Hauptvariante 4. . . . Lb4 + ist aus der Praxis noch bekannt:

A) *4. . . . Sc5?* (hier schlecht!) *5. Sf3 Sc6 6. Lg5 Le7 7. Dxc5! Lxg5 8. Sc3 b6 9. Dd5 Lb7 10. e6!* (Doppelangriff auf den Lg5) *10. . . . f6 11. Sxg5 fxg5 12. Dxd7 + Dxd7 13. exd7 + Kxd7 14. 0—0—0 +* und Weiß gewann in der Fernpartie *Olsen — Martinsen*, 1945.

Hier ein wichtiger Hinweis:

Nach den Zügen 4. Dd3 und 4. Dd4 ist 4. . . . Sc5 der beste Zug. Nach 4. Dd5 dagegen 4. . . . Sc5? falsch! Es gibt nur sehr wenige „irreführende" Varianten — vergessen Sie im eigenen Interesse nicht, sie sich irgendwie einzuprägen!

B) *4. . . . f5 5. exf6 e. p. Sxf6 6. De5 + ? Le7 7. Lg5 Sc6 8. De3 0—0 9. Sc3? Sg4 10. Lxe7 Sxe7 11. Dg3 Sxf2 — 0:1* in der Partie *Camara — Flores*, Sao Paolo 1937. Herr Camara hatte nicht seinen besten Tag.

Nach *4. . . . f5* wird *5. Sd2 c6 6. Dd3 d5 7. exd6 e. p. Da5 8. a3 Lxd6* von den Theoretikern als ausgeglichen angesehen.

Nun wollen wir uns mit der Hauptvariante vertraut machen:

1. d4 Sf6 2. c4 e5 3. dxe5 Se4 4. Dd5 Lb4 + !

und nun:

5. Ld2   **Abschnitt A**
5. Sd2   **Abschnitt B**

Abschnitt A

1. d4 Sf6 2. c4 e5 3. exd5 Se4 4. Dd5 Lb4 + 5. Ld2 Sxd2 6. Sxd2 Sc6 7. Sgf3 De7 8. 0—0—0 Lxd2 + 9. Txd2
Nach 9. Dxd2 (oder 9. Sxd2) 9. . . . Sxe5 gleicht Schwarz bequem aus.

Soweit die Partie *Blumich — Fajarowicz*, Wettkampf 1930. Schwarz hätte nun gutes Spiel erlangen können mit:

9. . . . Sb4

mit Gewinn des Ba2, oder — nach 10. Da5 b6 11. Da4 Sc6 — mit gutem Spiel gegen den Be5; die weiße Dame steht ein wenig abseits.

1. d4 Sf6 2. c4 e5 3. dxe5 Se4 4. Dd5 Lb4 + 5. Sd2 Sc5 6. a3

Oder 6. Sgf3 0—0 7. g3 b6! und wenn 8. Dxa8, so . . . Lb7 9. Dxa7 Sc6 mit Damengewinn.

6. . . . Lxd2 + 7. Lxd2 b6!!

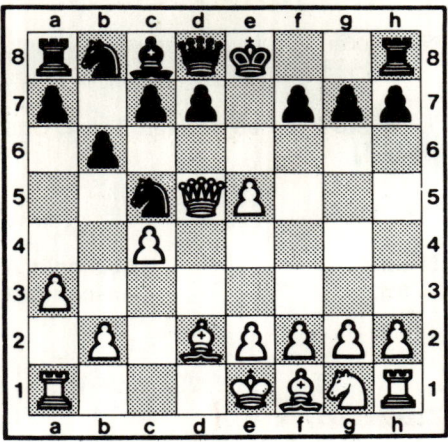

Eine weitere Standard-Kombination im Fajarowicz Gambit (von J. Staker vorgeschlagen). Die Idee besteht in dem Damenfang nach *8. Dxa8 Lb7 9. Dxa7 Sc6*. Man beachte, daß diese Kombination erst durch den weißen Zug a2-a3 ermöglicht wurde; die weiße Dame hat keinen Rückzug mehr. Deshalb wartet Schwarz mit b7-b6, bis er mit a2-a3 „den Tritt bekommt". Dann wird mit b7-b6 kräftig zurückgetreten.

In der Diagrammstellung droht Schwarz

mit einer Springergabel nach 8. . . . Lb7 9. Dd4 Sb3.

8. Df3 Lb7 9. Dg3 0—0 10. Lh6

Oder z.B. 10. Sf3 Se4 11. Df4 Sxd2 12. Dxd2 Sc6 13. e3 Te8 14. Dc3 De7 nebst . . . Sxe5 und Schwarz steht gut (der Lb7 ist aktiver als sein weißer Opponent).

10. . . . Se6 11. Sf3 Sc6 12. Ld2

Nach 12. e3 f6 gerät der abgeschnittene Lh6 in Schwierigkeiten (. . . Kh8).

12. . . . Scd4 13. Sxd4 Sxd4 14. Dd3 Sc6 15. Lc3 De7

Schwarz steht gut. Er holt sich mittels . . . Sxe5 den Bauern zurück und hat gut postierte Figuren (Lb7, Se5). Der Versuch, den Mehrbauern zu behaupten (etwa nach 16. f4 oder 16. Dd5) erscheint sehr riskant, denn Schwarz spielt dann 16. . . . Tad8 nebst . . . d6 mit starker Initiative.

Zusammenfassung:
Die Ausflüge der weißen Dame auf der d-Linie bringen Weiß nichts ein: Auf d3 wird sie mit . . . Sc5, auf d4 mit . . . Sc6 belästigt. Auch auf d5 ist kein Platz für die weiße Lady, denn bald erscheint auf b7 der schwarze Läufer mit der unmißverständlichen Aufforderung zum Verschwinden.
Kurzum: Auf der d-Linie hat die weiße Dame nichts zu suchen.

2. Kapitel

1. d4 Sf6 2. c4 e5 3. dxe5 Se4 4. Dc2

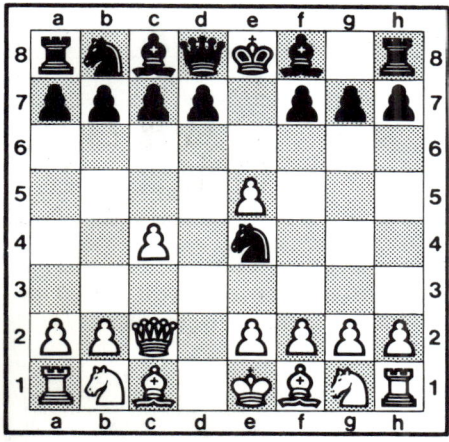

Im 1. Kapitel haben wir verschiedene Damenausflüge auf der d-Linie gesehen.

Schwarz konnte die exponierte Dame unter Tempogewinn mit einem seiner Springer angreifen und dadurch Entwicklungsvorsprung und besseres Spiel erlangen. Das Thema des 2. Kapitels ist 4. Dc2 — auch hier greift die weiße Dame den „Fajarowicz-Springer" an, diesmal aber aus sicherer Entfernung. Nach 4. Dc2 hat Schwarz wohl die meisten Probleme zu lösen.

Das Material gliedert sich wie folgt:

4. . . . d5 5. Verschiedenes   **1. Abspiel**
4. . . . d5 5. exd6 e. p. Lf5   **2. Abspiel**
    6. anders als Sc3
6. Sc3   **3. Abspiel**
4. . . . Lb4 +   **4. Abspiel**

1. Abspiel

1. d4 Sf6 2. c4 e5 3. dxe5 Se4 4. Dc2 d5 5. Verschiedenes

Partie Nr. 1
Mititelu — Seimeanu, 1955
1. d4 Sf6 2. c4 e5 3. dxe5 Se4 4. Dc2 d5
A) *Rubinstein — Becker*, Wien 1932: *5. e3?! Sc6 6. Sf3 Lf5 7. Dd1 dxc4 8. Dxd8 + Txd8 9. Lxc4 Lb4 + 10. Ke2 Sa5* mit Vorteil für Schwarz (11. Ld3? Txd3 12. Kxd3 Sxf2 + usw.; 11. Lb3 Sxb3 12. axb3 Sc5 nebst Ld3 + ; 11. Lb5 + c6 12. La4 Sc5 nebst Ld3 +).

B) *5. cxd5 Dxd5 6. Sd2 Lb4 7. Sgf3 Sc6 8. a3 Lxd2 + 9. Lxd2* (9. Sxd2? Lf5) *9. . . . Sxd2 10. Dxd2 Dxd2 + 11. Sxd2* (oder 11. Kxd2 Lg4 nebst . . . 0—0—0 und . . . The8) *11. . . . Sxe5* mit Ausgleich. Schwarz stellt sich am besten wie folgt auf: . . . Le6, . . . 0—0—0 und . . . The8.

Ferner ist 5. exd6 möglich (bzw. richtig), was in den nächsten Abspielen untersucht

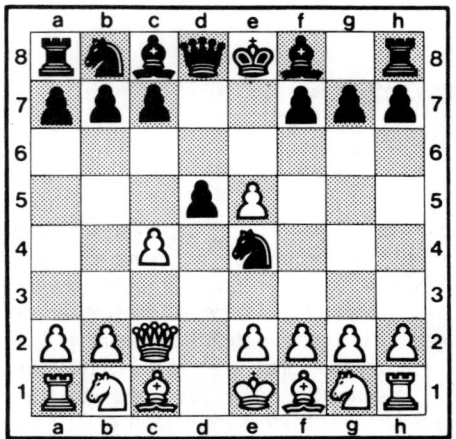

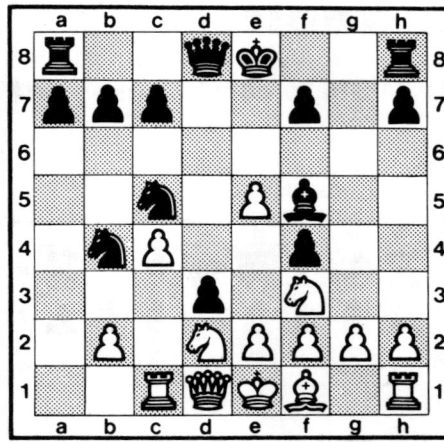

(Stellung nach 4. . . . d5)

wird. In unserer Partie spielt Weiß sehr zahm:

5. Sf3? Lf5

Wie wir auch im 2. Abspiel sehen werden, sind Dc2 und Lf5 „natürliche Feinde". Wegen der Abzugsdrohung Se4-g3 muß — der Stärkere weichen:

6. Da4+ Sc6

Die naheliegende Fortsetzung 7. e3 führt nach 7. . . . Sc5 8. Dd1 (sonst geht die weiße Dame verloren: 8. Db5?? a6; 8. Da3?? Sd3+!) 8. . . . Sb4 9. Sa3 c6! nebst 10. . . . Da5 und/oder Sbd3+ zu einem sehr guten Spiel für Schwarz. — Deshalb beschließt Weiß, das Feld c5 unter Kontrolle zu nehmen, wird aber damit auch kein Glück haben.

7. Le3 Lb4+ 8. Sbd2 d4!

9. Sxd4 scheitert natürlich an 9. . . . Lxd2+

9. Lf4 g5 10. a3

10. Lg3 g4 und einer der weißen Springer geht verloren.

10. . . . Sc5! 11. Dd1 gxf4 12. axb4 Sxb4 13. Tc1 d3!

Die weiße Stellung bietet ein Bild des Jammers! — Leider ist der weitere Verlauf die-

ser Partie nicht erhalten — bekannt ist nur, daß Schwarz gewann. Weiß verliert bei miserabler Stellung mindestens die Qualität.

Also — vielleicht schon hier — **0:1**

Fazit: Der Ausfall Lc8-f5, der die weiße Dame bedroht, bzw. Abzugsdrohungen schafft, muß von Weiß ernstgenommen werden. Zu laschen Zügen hat er keine Zeit. Dem Se4 muß der Schutz entzogen werden.

2. Abspiel

1. d4 Sf6 2. c4 e5 3. dxe5 Se4 4. Dc2 d5 5. exd6 e. p. Lf5

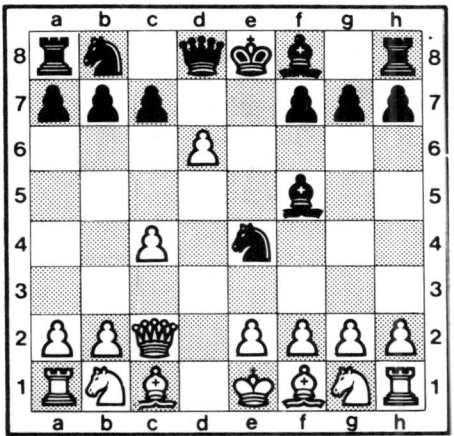

Die häufig gespielten Fortsetzungen werden in den nachfolgenden drei Abschnitten an Partiebeispielen erläutert:

6. dxc7?   **Abschnitt A**
6. Da4?   **Abschnitt B**
6. Db3?   **Abschnitt C**

(6. Sc3! ist das Thema des 3. Abspiels)

Abschnitt A

Partie Nr. 2
Rössner — Kipke
Berlin 1933
1. d4 Sf6 2. c4 e5 3. dxe5 Se4 4. Dc2 d5 5. exd6 e. p. Lf5 6. dxc7?

Das Thema dieses Abschnittes. Der übergroße Appetit wird dem Weißen nicht gut bekommen:

6. . . . Dxc7 7. Db3 Sc6 8. Sf3 0—0—0 9. e3 Sc5
Weiß steht schon auf Verlust. Nach 10. Dc3 kann folgen 10. . . . Sb4 11. Sa3 Se4 12. Db3 Da5 13. Ke2 (13. Ld2 Sxd2 14. Sxd2 Sc2++ — 0:1) 13. . . . Sc5 14. Dc3 Ld3+ mit tödlichen Abzügen. Deshalb machte er noch den letzten Versuch:
10. Da3!?

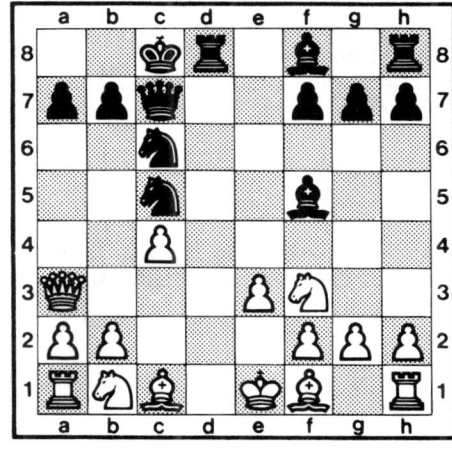

Normalerweise ist der Damenzug nach a3 schlecht, wegen der Standardkombination Sd3+ und Lxa3. Hier ist ausnahmsweise diese Kombination unzureichend: 10. . . . Sd3+ 11. Lxd3 Lxa3 12. Lxf5+ Kb8 13. Sxa3 und Weiß hätte „das halbe Brett" für die Dame.

Schwarz kann jedoch seinen Vorteil anders verwerten:

10. . . . Sb4!

Nun wäre natürlich 11. Dxb4?? Sd3 + 12. Lxd3 Lxb4 + völlig hoffnungslos. Ferner ist 11. Sd4 Txd4 und 12. . . . Sc2 + ebenfalls für Schwarz gewonnen.

11. Dxa7 Sc2 +

Es könnte folgen: 12. Ke2 Ld3 + 13. Kd1 (13. Kd2 Se4 +) 13. . . . Sxa1 usw.

Weiß gab auf.

Noch ein abschreckendes Beispiel zum gleichen Thema:

Partie Nr. 3
Krastew — Donew,
Bulgarien 1954

1. d4 Sf6 2. c4 e5 3. dxe5 Se4 4. Dc2 d5 5. exd6 e. p. Lf5 6. dxc7? Dxc7 7. Da4 + Sc6 8. Sf3 0—0—0

Schon wieder droht Sc5 und Sb4. Weiß will nun das Feld b4 decken:

9. Ld2 Db6

und sieht sich zwei schlimmen Drohungen gegenüber: Dxb2 mit Turmgewinn und Dxf2 +. Er wählte:

10. Db3 Dxf2 + 11. Kd1 Lb4 12. Kc1

12. Sc3 Lxc3 13. bxc3 Txd2 +! 14. Sxd2 Td8 usw.

12. . . . Sxd2 13. Sbxd2 Txd2!
14. Sxd2 De1 + 15. Dd1 Lxd2 Matt!

Ein seltenes und schönes Mattbild!

Fazit: 6. dxc7? läßt die ohnehin gefährliche Initiative des Nachziehenden noch anwachsen. Ferner wird die d-Linie frei — jedoch nur für den Einsatz des schwarzen Turmes. Also: Finger weg von dem Bc7!

Abschnitt B

Partie Nr. 4
H. Steiner — Fajarowicz,
Wiesbaden 1928
1. d4 Sf6 2. c4 e5 3. dxe5 Se4 4. Dc2 d5 5. exd6 e. p. Lf5 6. Da4 +

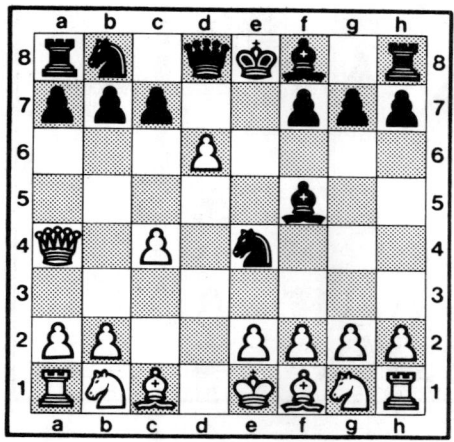

Mit diesem Zug wird die Variante des Abschnittes B eingeleitet. Die weiße Dame verschwindet freiwillig aus der Schußlinie des Lf5.

6. . . . Sc6 7. Sf3

7. dxc7 führt zu einem ähnlichen Stellungstyp wie in den Partien Nr. 2 und Nr. 3.

7. . . . Lxd6 8. a3

Gegen den Ausfall . . . Sc5 nebst . . . Sb4 und Bedrohung des Punktes c2 gerichtet.

8. . . . Df6 9. g3

Weiß will nicht das Feld d3 schwächen (wohin, wie wir schon gesehen haben, manchmal der schwarze Springer strebt) und er schickt sich an, für seinen König ein gemütliches Häuschen (g3; Lg2; 0—0) zu bauen. Zu der Rochade kommt er jedoch nicht mehr.

9. . . . 0—0—0

Auf sofort 10. Lg2 folgt 10. . . . Sc5

11. Dd1 Lxg3. Deshalb schließt Weiß die d-Linie:

10. Sbd2 Sc5 11. Dd1 The8 12. Lg2 Ld3! 13. e3 Le5 14. Sxe5
Es ist leicht gesagt, daß Weiß etwas anderes hätte machen sollen, nur was?
14. . . . Sxe5 15. f4 Lxc4!

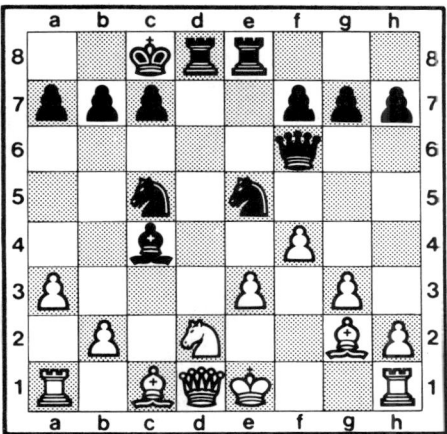

Die Weltpremiere des Fajarowicz-Gambit ist — was die Eröffnung anbelangt — voll gelungen. Schwarz steht auf Gewinn: 16. fxe5?? kommt wegen Sd3 + und Df2 Matt nicht in Frage, und nach 16. Lf1 Sed3 + 17. Lxd3 Sxd3 + 18. Ke2 oder 18. Kf1 geht die weiße Dame verloren: 18. . . . Sxb2 + .
Also 0:1? — Mitnichten!

16. Kf2
Hier hätte Schwarz den Sargnagel sofort einschlagen können: 16. . . . Sed3 + 17. Kg1 (oder 17. Kf3 Dc6 + 18. e4 Txe4 usw.) 17. . . . Txe3 18. Sf3 Te1 +! (19. Sxe1 Dd4 + nebst Matt; 19. Dxe1 Sxe1 usw.).
16. . . . Le6? 17. h3! Sb3 18. Kg1 Sxa1 19. fxe5 Dxe5 20. Df3 Ld5 21. e4 Lc6 22. Kh2 Sc2 23. Dxf7 Tf8?!
Einfacher war 23. . . . Se3 nebst . . .

24. . . . Sxg2, oder — nach etwa 24. Lf3 — 24. . . . Txd2! 25. Lxd2 Dxb2 usw.
24. Db3 Sd4 25. Dc3 Tf2 26. Te1 Tdf8 27. Kh1 Df6 28. Tf1 Txf1 + 29. Sxf1

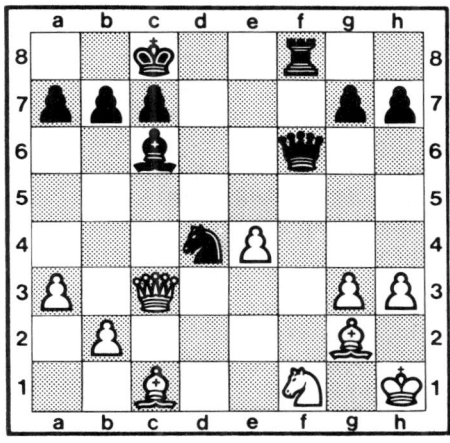

Schwarz steht immer noch auf Gewinn, z.B. nach 29. . . . Lxe4! Aber nun geschah Unglaubliches . . .
29. . . . Dxf1 + ??
Sah Fajarowicz irgendein Matt-Trugbild? — Wir können ihn leider nicht mehr fragen.
30. Lxf1 Txf1 + 31. Kg2 — 1:0!
Wahrscheinlich war Schwarz durch seinen „Patzer" völlig entnervt, denn er konnte noch kämpfen: 31. . . . Se2 32. De3 Txc1 33. Dxe2 b5! (Idee: . . . Tc4, ggf. Kb7) und Weiß hat noch lange nicht gewonnen.

Dieser kuriose Partieschluß ändert nichts an der Tatsache, daß die Variante dieses Abspieles für Schwarz vorteilhaft ist. Auf 6. Da4 findet die weiße Dame keine Ruhe, denn sie wird nach . . . Sc5 weiter gejagt. Dies gilt auch für die nächste Partie, in der die weiße Dame nach b3 zieht:

Abschnitt C

Partie Nr. 5
Gilfer — Richter,
Schacholympiade München 1936

Der deutsche Meister Kurt Richter galt als ein scharfsinniger Taktiker, der Tod und Teufel nicht fürchtete, wenn er nur Angriff hatte. Sein Können stellt er auch in dieser Partie eindrucksvoll unter Beweis:

1. d4 Sf6 2. c4 e5 3. dxe5 Se4 4. Dc2 d5 5. exd6 e. p. Lf5 6. Db3 Lxd6 7. Sd2

7. Dxb7? 0—0 8. Dxa8?? endet auf dem Friedhof: 8. . . . Lb4+ 9. Ld2 Lxd2+ 10. Kd1 Sxf2 Matt.

7. . . . 0—0 8. Dxb7?

Er kann der Versuchung nicht widerstehen! — Relativ besser 8. Sgf3, wenn auch Schwarz nach z.B. 8. . . . Sc5 9. Dc3 Sc6 10. a3 a5 11. e3 Te8 12. Le2 Le7! nebst . . . Lf6, oder 9. Dd1 Sc6 10. a3 a5 11. e3 Sd3+ immer ein sehr aktives Spiel hat. — Jetzt geht aber das weiße Schiff sehr schnell unter:

8. . . . Lc5! 9. e3

Erzwungen: Der Se4 ist natürlich tabu: 9. Sxe4 Lxe4 10. Dxe4?? Lb4+ und Matt. 9. Dxa8 Lxf2+ 10. Kd1 Le3 11. Sgf3 Sf2+ 12. Ke1 Le4 ergibt einen sehr originellen Damenfang.

9. . . . De7!

Der Punkt e3 wird ins Auge gefaßt, man sehe:

A) 10. Dxa8 Sxd2 (drohend Le4) 11. f3 Dxe3+ usw.

B) 10. Sgf3 Sxf2! 11. Kxf2 Dxe3+ 12. Kg3 Ld6+ 13. Kh4 Dh6 Matt.

Deshalb der „krumme" Textzug — der Punkt e3 muß ja geschützt werden. Die weiße Stellung wird jedoch dadurch auch nicht gerettet — mit 7. Dxb7 hat Weiß den Bogen endgültig überspannt. — Der Rest der Partie ist gut verständlich:

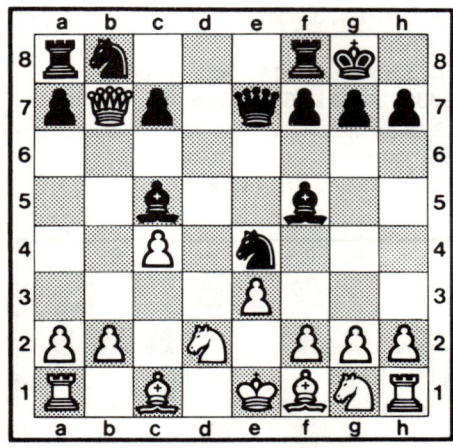

10. Sdf3 Lb4+ 11. Ld2 Sxd2 12. Sxd2 Le4 13. Db5 Td8 14. 0—0—0 Dd6 15. Sgf3 Lxf3 16. gxf3 Lxd2+ 17. Kb1 Sc6 18. c5 Dg6+ 19. e4 Tab8 20. Dc4 Df6 21. b3 Sa5 — 0:1.

22. Dc2 Dxf3 23. Tg1 Sxb3 usw.

Fazit: Wenn die weiße Dame von c2 wegzieht, so kommt sie vom Regen in die Traufe. Der „Fajarowicz-Springer" e4 findet auf c5 unter Tempogewinn einen schönen Platz.

Ist also der Kern des Übels schon in 4. Dc2 zu suchen? Wie wir im 3. Abspiel sehen werden, ist dies nicht der Fall — erst die Züge 6. Db3 und 6. Da4 sind schlecht. Im 6. Zug hat Weiß eine starke Fortsetzung zur Verfügung:

3. Abspiel

1. d4 Sf6 2. c4 e5 3. dxe5 Se4 4. Dc2 d5 5. exd6 e. p. Lf5 6. Sc3!

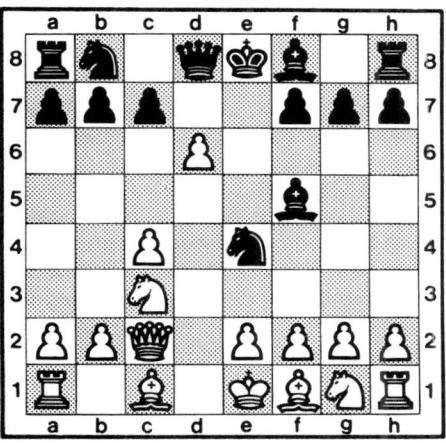

Dadurch wird die Kraft des Springerabzuges erheblich herabgesetzt. Mittels Sb1-c3 überdeckt Weiß noch einmal das Feld e4, so daß der Abzug des Se4 mit e2-e4 beantwortet werden kann. Mit den Feinheiten dieser Variante macht uns die nachfolgende Musterpartie bekannt:

Partie Nr. 6
Kottnauer — Martin,
Wettkampf CSR — Frankreich 1946
1. d4 Sf6 2. c4 e5 3. dxe5 Se4 4. Dc2 d5 5. exd6 e. p. Lf5 6. Sc3! Sxd6
Andere Abzüge hat Schwarz nicht:
A) 6. . . . Sg3? 7. Da4 + Ld7 8. dxc7 Dxc7 9. Sb5!
B) 6. . . . Sxf2? 7. Dxf5 Sxh1 8. Lg5
C) 6. . . . Sxc3 7. Dxf5 Sa4 8. Db5 + Dd7 9. Dxb7
mit Gewinnstellung für Weiß in allen Fällen.
7. e4! Sxe4

Schwarz hat kaum eine andere Wahl: 7. . . . De7 8. Ld3 Sc6 9. Sge2 Lg6 (9. . . . Sb4?? 10. Da4 +) 10. Sd5 mit klarem Vorteil für Weiß.

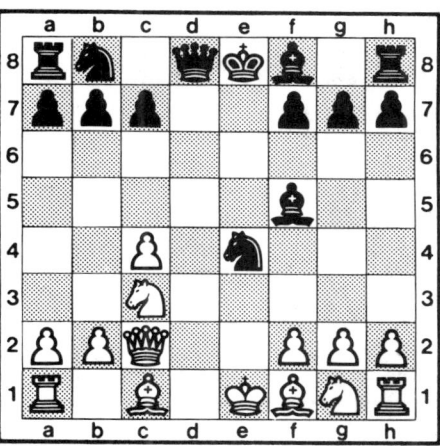

Bevor wir uns dem eigentlichen Partieverlauf zuwenden, müssen wir uns unbedingt mit der wichtigen Alternative 8. Sxe4 vertraut machen. In dieser Variante nämlich muß Schwarz lange Zeit mit einer Figur weniger spielen. Zugegebenermaßen hat er dafür eine gewaltige Initiative. Kurzum, es ist ein Spiel mit dem Feuer — für beide Seiten. Wer aber das Fajarowicz-Gambit spielt, der darf kein Risiko scheuen.

Die Annahme des Figurenopfers:

8. Sxe4 Lb4 + 9. Ke2 (9. Ld2 Lxd2 + 10. Dxd2 Lxe4 11. Dxd8 + Kxd8

12. 0—0—0 + Kc8 mit Ausgleich) **9. . . .**
Sc6 10. Le3 De7 11. f3 0—0—0 ist laut
einer Analyse des Internationalen Meisters
Nicola Minev in dem jugoslawischen Theoriewerk „Enzyklopädie der Schacheröffnungen" besser für Schwarz. Niemand hat
bisher die Lust verspürt, diese Meinung
anzuzweifeln und die Stellung mit den weißen Steinen zu spielen, so daß wir auf praktische Beispiele verzichten müssen. Zwei
Demonstrationsbeispiele:

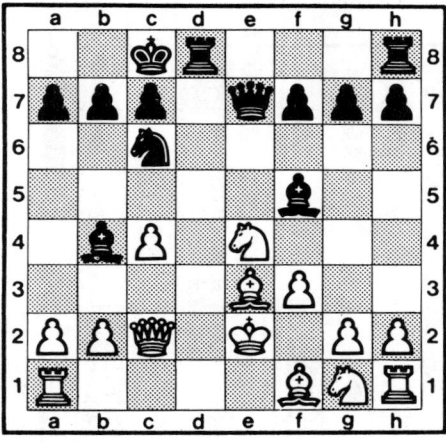

A) 12. a3 Td2 + 13. Lxd2 Sd4 + 14. Kf2
Sxc2 15. Lxb4 Sxb4 16. axb4 Dxb4 ist
gut für Schwarz, weil der weiße Königsflügel unterentwickelt ist.

B) 12. Sd6 + Txd6 13. Dxf5 + Te6!
14. Kf2 g6 15. Dh3 (15. Dd3 Txe3
nebst Lc5) 15. . . . f5 16. Lf4 Te1! mit
Gewinn, da 17. Txe1 an Dxe1 Matt
scheitert, und auf 17. Lc1 Txf1 +! folgt
(18. Kxf1?? De1 Matt).

C) 12. Kf2 The8 und nun:

c1) 13. Sd6 + Txd6 14. Dxf5 + Kb8
15. Df4 (15. Lf4 De1 +!! 16. Txe1 Lxe1
Matt!) 15. . . . Tf6 16. Dg5 h6 und

gewinnt — der Punkt e3 ist nicht mehr
zu verteidigen.
c2) 13. Ld3 Lg6 (drohend f7-f5)
14. g4 (14. a3 f5 15. axb4 Sxb4
16. Da4 Sxd3 + 17. Kf1 fxe4 18. Dxa7
exf3 kann den Anziehenden kaum
begeistern) 14. . . . Se5 15. Td1 Dh4 +
16. Kg2 Sxg4 17. fxg4 Dxg4 + 18. Kf2
(18. Sg3 Txe3) 18. . . . Lxe4 19. Lxe4
Dxd1 mit Vorteil für Schwarz.

Eine erschöpfende Analyse ist nicht durch-
führbar, denn die Anzahl der möglichen
Varianten ist sehr groß. Die schwarze
Angriffsführung ist in vielen Fällen mit Te8,
Lg6 und f7-f5 verbunden.
Erfahrungen zeigen, daß in einer praktischen Partie der Angreifer bessere Chancen besitzt, als der Verteidiger. Zum einen
ist die Kunst der Verteidigung wesentlich
schwieriger zu erlernen, als die des Angrei-
fens, zum anderen unterlaufen einem Verteidiger viel eher Fehler: Muß er doch eine
ganze Menge Drohungen beachten, während der Angreifer (nach erfolgter Selek-
tion der möglichen Varianten) sich nur auf
eine Fortsetzung konzentrieren kann. Dazu
kommen noch die Faktoren Energiever-
brauch, Zeitverbrauch und Nervosität — in
allen Fällen ist der Verteidiger im Nachteil.
So ist die Vielzahl der Angriffssiege zu
erklären, die zwar in der Analyse als nicht
ganz korrekt nachgewiesen wurden, doch
am Brett Erfolg brachten.
Kurzum — mit einer Portion Mut und guten
taktischen Fähigkeiten bietet die o.g.
Variante für Schwarz gute praktische Aus-
sichten. Zu diesem Schluß ist auch das
Theoriewerk „Enzyklopädie" gekommen.

Nach diesem langen Ausflug kehren wir
zurück zu unserer Musterpartie (siehe vor-
letztes Diagramm), in der IM Kottnauer eine
für Schwarz wesentlich unangenehmere
Fortsetzung wählte:
8. Ld3! Sxf2 9. Lxf5 Sxh1 10. Sf3

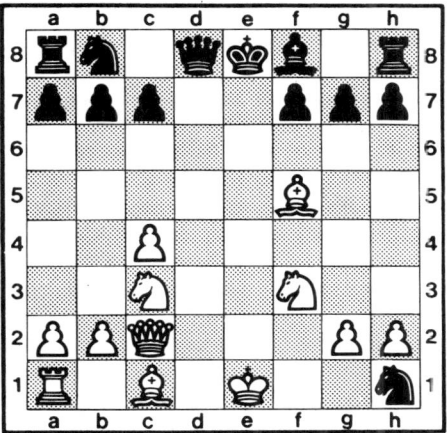

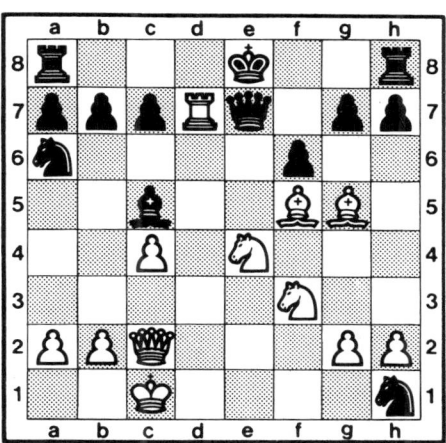

Diese Stellung ist für das Schicksal der Variante mit 4. Dc2 d5 von entscheidender Bedeutung. Bevor wir uns der Analyse zuwenden, betrachten wir den Verlauf unserer Musterpartie:

10. . . . Lc5? 11. Se4 De7 12. Lg5 f6
12. . . . Lb4 + 13. Ke2 f6 14. Le3 + — laut GM R.Fine

13. 0—0—0
Ein geistreiches Figurenopfer, das Schwarz kaum annehmen darf: 13. . . . fxg5 14. Sxc5 Dxc5 15. De4 + De7 16. Dxb7 0—0 17. Dxa8 Sf2 18. Dd5 + Kh8 18. Te1 mit einem großen Übergewicht des Weißen.

13. . . . Sa6 14. Td7
Das Brett steht in Flammen! Weiß hat zwar vorübergehend die Qualität und einen Bauern weniger und auch sein Lg5 hängt, doch seine gesamte Streitmacht ist ideal zum Angriff aufgestellt. Außerdem wird sich der Sh1 nicht retten.
In der Partie wird Schwarz die Dame opfern. Die Alternative lautet: *14. . . . Df8 15. De2! Le7 16. Se5!!* und nun:
A) 16. . . . fxg5 17. Dh5 + g6 18. Lxg6 + hxg6 19. Dxg6 + Df7 20. Dxf7 Matt;
B) 16. . . . g6 17. Sxf6 + Lxf6 18. Sxg6 + usw.

(Stellung nach 14. Td7)

C) 16. . . . fxe5 17. Txe7 + Dxe7 18. Lxe7 Kxe7 19. De1! Thf8 20. Lh3 und 21. Dxh1.

Auch 14. . . . Df8 konnte also Schwarz nicht retten. Der Rest ist auch ohne viel Kommentar verständlich:
14. . . . Dxd7 15. Lxd7 + Kxd7 16. Sxc5 + Sxc5 17. Df5 + Se6 18. Sd4 Tae8 19. Dd5 + Kc8 20. Sxe6 fxg5 21. Sc5 Te1 +
Nach 21. . . . Thf8 wird Schwarz mattgesetzt: 22. Dxb7 + Kd8 23. Dd5 + Ke7 (23. . . . Kc8 24. Da8 Matt) 24. De6 + Kd8 25. Dd7 Matt.
22. Kd2 The8 23. Dxb7 + Kd8 24. Db8 + Ke7 25. Dxe8 + und wegen 25. . . . Kxe8 26. Kxe1 nebst Kf1-g1xh1 usw.
gab Schwarz auf.

Ein imponierender Sieg des Weißen! — Trotzdem wollen wir nicht vergessen, daß Schwarz im 10. Zug „patzte". Bauen wir also die kritische Stellung wieder auf:

1. d4 Sf6 2. c4 e5 3. dxe5 Se4 4. Dc2 d5 5. exd6 e. p. Lf5 6. Sc3 Sxd6 7. e4

Sxe4 8. Ld3 Sxf2 9. Lxf5 Sxh1 10. Sf3
und stellen fest, daß 10. . . . Ld6? 11. Se4
Lxh2 (Idee 12. Sxh2 Dh4 +) 12. Lg5! mit
Vorteil für Weiß verbunden ist. Stellen wir
jedoch einige Überlegungen an:

Wenn Weiß rochieren will, muß er Ld2 und
0—0—0 spielen. Dann wird der Sh1 über
f2 flüchten können.
Weiß kann natürlich Le3 und Ke2 ziehen,
gefolgt von Txh1. In diesem Fall ist der Sh1
zwar nicht zu retten, aber zu welchem
Preis: Der weiße König wird kaum in der
Brettmitte Ruhe finden. — Schwarz wird
deshalb seine Schwerfiguren schnell auf
die e-Linie stellen.

Weiß hat (nachdem er den Sh1 erobert hat)
zwei leichte Figuren; Schwarz hat einen
Turm und einen Bauern. Folglich muß der
Nachziehende bestrebt sein, den gegnerischen Figuren Stützpunkte im Zentrum zu
nehmen, wozu er seinen Mehrbauern ein-
setzt (siehe später 10. . . . g6, 11. . . . c6
und 12. . . . f5). Die schwarzen Türme müssen die beiden freien zentralen Linien
besetzen.

Also basteln wir uns eine Demonstrationspartie zusammen, wobei wir nicht vergessen wollen, daß der Verlauf dieser Partie
wieder keineswegs forciert ist, sondern nur
Ideen und Pläne beleuchten soll.

Demonstrationspartie Nr. 3
**1. d4 Sf6 2. c4 e5 3. dxe5 Se4 4. Dc2
d5 5. exd6 e. p. Lf5 6. Sc3 Sxd6 7. e4
Sxe4 8. Ld3 Sxf2 9. Lxf5 Sxh1 10. Sf3
g6**

Damit beginnt Schwarz den Plan der Stütz-
punkt-Einschränkung im Zentrum.
11. Le4

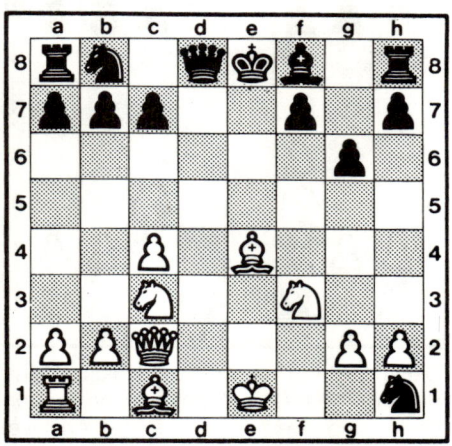

11. Lg5? Le7 12. Lxe7 Dxe7 + 13. Le4 f5
— +; 11. De4 +? Le7 12. Lh3 0—0 und
13. . . . Te8; 11. Ld3 Sc6 12. a3 De7 +
13. De2 0—0—0 14. Dxe7 Lxe7 15. Ke2
The8 mit Angriff.
11. . . . c6
Das wichtige Feld d5 wird den weißen
Figuren unzugänglich gemacht.
12. Le3
Wieder spielt 12. Lg5 Le7 13. Lxe7 Dxe7
dem Schwarzen in die Hand — er will ja
seine schweren Figuren auf die e-Linie
bringen!
12. . . . f5 13. Ld3 De7 14. De2
14. Kd2 Sa6 nebst 0—0—0 und Angriff auf
der d-Linie.
**14. . . . Sa6 15. 0—0—0 0—0—0
16. Txh1**
16. Lxa7? Lh6 + 17. Kb1 Dxe2 18. Sxe2
c5! 19. Lb6 Sf2! und gewinnt.
16. . . . Sb4 17. Lb1 Lg7 18. Lg5
18. a3 Lxc3 19. bxc3 Sa6 mit den Drohungen 20. . . . f4 und 20. . . . Dxa3 +; 18. Df2
Sd3 + 19. Lxd3 Txd3 mit Angriff; 18. Te1

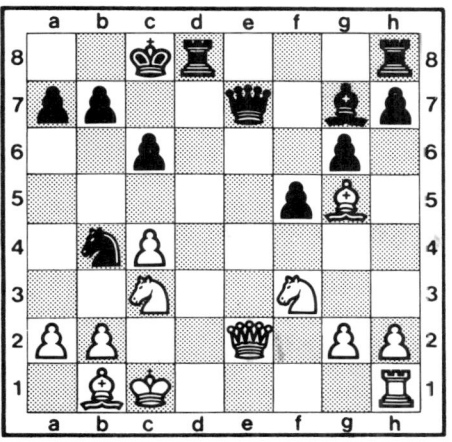

28. h4 Txb2 29. h5 Sxa2+ 30. Lxa2 Txa2
31. Kb1 Tgb2+ 32. Kc1 Th2!
**28. . . . Sc6 29. Sxc6 bxc6 30. Sc3
Txb2 31. h4 Tb3 32. Sd1 h5 33. a4 Tb4
34. Lc2 Txc4 35. Se3 Tgxc2+ 36. Sxc2
Txa4 37. Te1**
37. Se3?? Ta1+; 37. Tg1 Tg4!
**37. . . . Txh4 38. Te6 Tg4 39. Txc6 h4
40. Se3**
40. Txc5 h3 41. Tc3 h2 43. Th3 Tg1+
usw.
**40. . . . h3! 41. Sxg4 fxg4 42. Txg6 h2
43. Th6 g3 44. Kd2 g2 — 0:1.**

The8 und Schwarz ist glänzend entwickelt.
**18. . . . Dxe2 19. Sxe2 Tde8 20. Sed4
c5 21. Sb5 Te2 22. Ld2**
22. Sc3? Lxc3 23. bxc3 Sxa2+
22. . . . Td8 23. Sxa7+
23. Sc3 Txg2; 23. g3 Tf2
**23. . . . Kb8 24. Sb5 Txg2 25. Lf4+
Ka8 26. Le5**
Zu keinem guten Ergebnis führt 26. Sc7+
Ka7 27. Sb5+ Ka6.
26. . . . Lxe5 27. Sxe5 Tdd2 28. a3

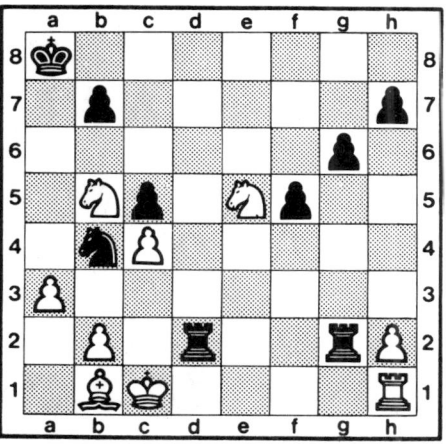

Fazit:
*Diese hübsche Demonstrationspartie soll
nicht darüber hinwegtäuschen, daß es in
der Variante mit 6. Sc3 Probleme zu
lösen gibt. Andererseits hat Schwarz in
dem Plan mit 10. . . . g6 eine Menge aktiver Gegenchancen.*

*Erst die Turnierpraxis kann eine definitive
Antwort bezüglich der Spielbarkeit dieser
Variante geben. Ein mit den Besonder-
heiten dieser Variante vertrauter Spieler
kann jedoch diese Variante in seinen Partien ruhig anwenden.*

4. Abspiel

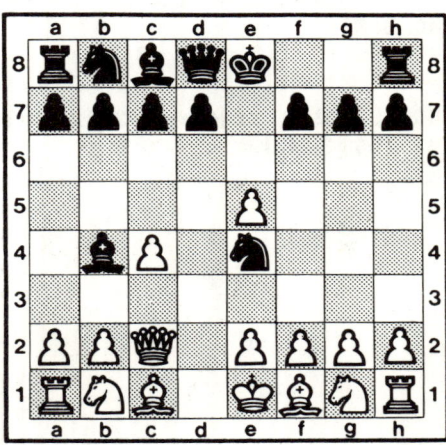

Die vier vorangegangenen Abschnitte haben die vielfältigen Angriffsmöglichkeiten in der Variante 4. Dc2 d5 aufgezeigt. Wem der danach entstehende Opferreigen „zu heiß" ist, der kann sich hier mit einer Idee des Meisters Hermann Steiner vertraut machen.

Nach dem Läuferschach ist *5. Ld2* offenbar harmlos: *5. ... Sxd2 6. Sxd2 Sc6 7. Sf3* (7. f4? ist hier und in ähnlichen Stellungen nicht gut: 7. ... d6 8. exd6 Dxd6 9. e3 0—0 10. Sf3 Te8 11. Kf2 Lc5 12. Te1 Dxf4! usw. oder 8. Sf3 dxe5 nebst evtl. 9. ... De7) *7. ... De7* und Schwarz bekommt seinen Bauern zurück (8. De4 d6!) und behält besseres Spiel wegen seines Läuferpaares. — Also:

5. Sd2   **Abschnitt A**
5. Sc3!   **Abschnitt B**

Abschnitt A

1. d4 Sf6 2. c4 e5 3. dxe5 Se4 4. Dc2 Lb4 + 5. Sd2 d5
Weiß hat drei plausible Züge:

1. *6. cxd5* ergibt durch Zugumstellung das 1. Abspiel des 2. Kapitels, Variante A) in der Partie Nr. 1. Wie dort ersichtlich, kann Schwarz zufrieden sein. *p. 65*
2. *6. e3* siehe Partie Nr. 7.
3. *6. exd6 e. p.* — siehe Partien Nr. 8 bis Nr. 13

Partie Nr. 7
Timet — Meyer
Zagreb 1953
1. d4 Sf6 2. c4 e5 3. dxe5 Se4 4. Dc2 Lb4 + 5. Sd2 d5 6. e3 Lf5 7. Ld3 Dg5! 8. g3 Sd7 9. Sgf3

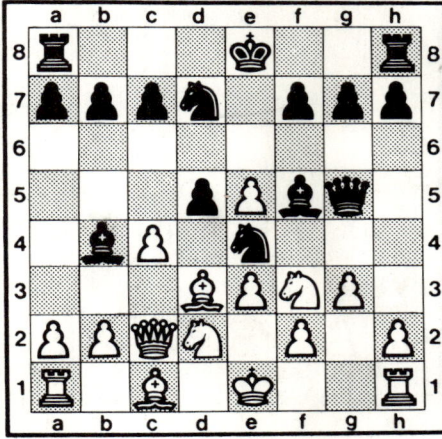

9. ... Dg4?

Mit der Drohung . . . Dxf3! Diese Drohung sollte jedoch besser mittels 9. . . . Dh5 aufgestellt werden — siehe Analyse nach dem Schluß der Partie.

10. 0—0 Lxd2 11. Sxd2 Sxd2 12. Lxf5
Hier ist die schwarze Dame angegriffen; nach 9. . . . Dh5 wäre sie es nicht.

12. ... Sf3 + 13. Kh1 Dh5 14. Lxd7 + Kxd7 15. Kg2 Sh4 + 16. gxh4 Dg4 + 17. Kh1 Df3 + 18. Kg1 Dg4 + und **Remis.**

In der Diagrammstellung konnte Schwarz besser spielen und einen klaren Vorteil erlangen:

9. . . . Dh5! 10. 0—0 Lxd2 11. Sxd2 Sxe5 12. Lxe4
12. Sxe4?? Sf3 + 13. Kg2 Lh3 + 14. Kh1 Lxf1 und gewinnt.
12. . . . dxe4

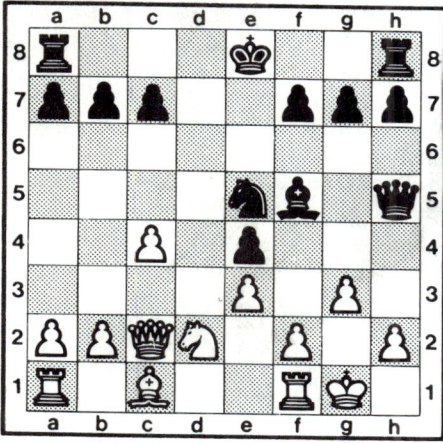

Es droht nun tödlich 13. . . . Dh3 und 14. . . . Sf3 + oder 14. . . . Sg4. *13. Sxe4* scheitert an 13. . . . Sf3 + nebst 14. . . . Lh3 + und 15. . . . Lxf1 und nach *13. h4* 0—0—0 droht schon 14. . . . Txd2! nebst Sf3 + und Dg4 mit Mattangriff. *13. Da4 +* c6 entfernt nur die Dame vom Königsflügel.

13. f4 exf3 e. p. 15. e4 Lh3 16. Tf2 0—0—0 17. Sf1 Sd3
und Schwarz gewinnt: 18. Td2?? Dc5 +; 18. Le3 Sxf2 mit entscheidendem materiellem Vorteil.

Das passive 6. e3 brachte also dem Weißen wenig Glück. In nachfolgenden Musterpartien versuchten es mehrere Spieler mit 6. exd6 e. p.:

4. Dc2 Lb4 + 5. Sd2 d5 6. exd6 e. p. Lf5

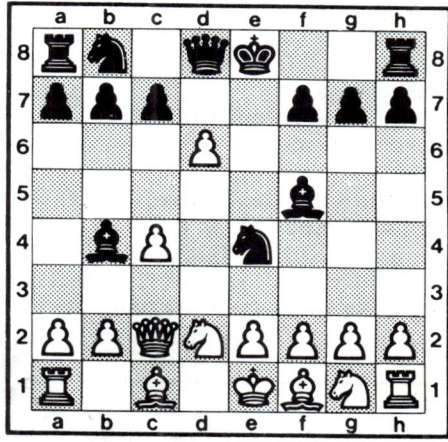

Dies ist die Ausgangsstellung der folgenden drei interessanten, wenn auch nicht fehlerfreien Partien.

Die theoretische Fortsetzung lautet:

7. a3 Lxd2 + 8. Lxd2 Dxd6
Schwarz hat reichhaltige Kompensation für den geopferten Bauern, z.B. 9. Dc1 (weicht dem Abzug . . . Sg3 aus) 9. . . . Sc6 10. e3 (nach 10. Lf4 De7 11. e3 0—0—0 12. Sf3 Sa5 drohend . . . Sb3 steht Schwarz klar besser) 10. . . . 0—0—0 11. Le2 g5 mit einem sehr aktiven Spiel. In Betracht kommt:

9. g4!?
Mit der Idee 9. . . . Lg6 10. Lg2! Sg3 11. Da4 + usw.

9. . . . Dxd2 +

9. . . . Sxd2? 10. Dxf5 nebst evtl. De4 + .

10. Dxd2 Sxd2

Mit verteilten Chancen. Das Spiel könnte z.B. so verlaufen: 11. gxf5 Sxc4 12. Tc1 Sd6 13. f6 (13. Txc7 Sc6 14. Lg2 Kd8 ist gut für Schwarz) 13. . . . c6 14. fxg7 Tg8 15. e3 Sd7 16. Se2 0—0—0 17. Lh3 Txg7 18. Sg3 mit offenem Partieausgang.

In den nachfolgenden Partien werden wir sehen, daß Weiß besser die obige Theorievariante spielen sollte, denn die Abweichungen haben sich nicht bewährt:

Partie Nr. 8
Antainen — Nieminen,
Finnische Fernschachmeisterschaft 1973

1. d4 Sf6 2. c4 e5 3. dxe5 Se4 4. Dc2 Lb4 + 5. Sd2 d5 6. exd6 e. p. Lf5 7. dxc7 Dxc7 8. Da4 + Sc6 9. Sf3 0—0—0 10. a3 Lxd2 + 11. Lxd2 Sxd2 12. Sxd2 Txd2! 13. Kxd2 De5!

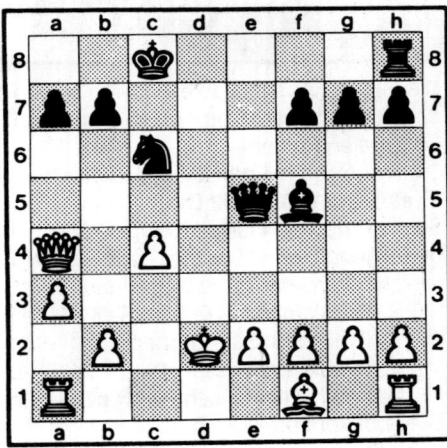

Im Jahre 1935 kam diese Stellung schon einmal in einer Fernpartie vor: *Müss —*

Reinhardt. Nach *14. Ke1 Dxb2 15. Td1 Lc2 gewann Schwarz* mühelos. Auch bei 14. Db5 Td8 + 15. Ke1 Sd4! nebst 16. . . . Sc2 (Matt) oder 16. Kc1 Df4 + 17. e3 Dxf2 gewinnt Schwarz in wenigen Zügen.

14. Db3 Td8 + 15. Kc1 Sa5 16. Df3 Le4 17. De3(?)

17. Dh3 + Kb8 hätte das Leiden etwas verlängert.

17. . . . Dd6 — 0:1.

Das Matt nach 18. . . . Dd1 bzw. 18. b4 Dd1 + 19. Kb2 Dc2 kann nur durch 18. Dd3 verhindert werden, aber nach 18. . . . Lxd3 kann man sich das Porto für Fernschachkarten besser sparen.

Partie Nr. 9
Bascau — Meewes,
Fernpartie 1971

1. d4 Sf6 2. c4 e5 3. dxe5 Se4 4. Dc2 Lb4 + 5. Sd2 d5 6. exd6 e. p. Lf5 7. Db3 Sc6

Auf 8. e3 kann folgen: 8. . . . Dxd6 9. Sf3 0—0—0 10. Dd1 Se5 11. Sxe5 Sxd2 und gewinnt.

8. dxc7 Dxc7 9. Sf3 0—0—0 10. e3 g5

Der Sf3 soll vertrieben werden, wonach der Sd2 fällt. 11. h3 h5 erneuert die Drohung g5-g4; 11. a3 Da5 gewinnt bereits den Sd2 (12. Dd1 g4).

11. Sd4 Txd4! 12. exd4 Sxd4 13. Dd1 Df4! — 0:1.

Eine Analyse der obigen Stellung ist natürlich überflüssig, doch die Mattbilder, die selbst nach dem verzweifelten Damenopfer des Weißen entstehen, sind wirklich nicht alltäglich:

14. f3 De3 + 15. De2 (sonst Df2 Matt) 15. . . . Sc2 + 16. Kd1 Sf2 + 17. Dxf2 Dxf2 (18. Le2 Se3 Matt; 18. Se4 Td8 + 19. Ld2 Se3 + 20. Kc1 De1 + ! 21. Lxe1 Td1 Matt.) Die weiße Stellung dürfte dem Alptraum eines Schachspielers nahekommen!

Partie Nr. 10
Lagha — Contendini,
Olympiade Leipzig 1960
**1. d4 Sf6 2. c4 e5 3. dxe5 Se4 4. Dc2
Lb4 + 5. Sd2 d5 6. exd6 e. p. Lf5
7. Da4 + Sc6 8. a3 Sc5! 9. dxc7?**
Weiß steht auch nach 9. Dd1 Sd4 10. e4
Lxd2 + 11. Lxd2 Lxe4 sehr bescheiden,
doch nun folgt ein kurzer Prozeß:
9. . . . De7!
Eine weitere Standard-Falle des Herrn
Fajarowicz!
10. Dd1 Sd3 Matt.

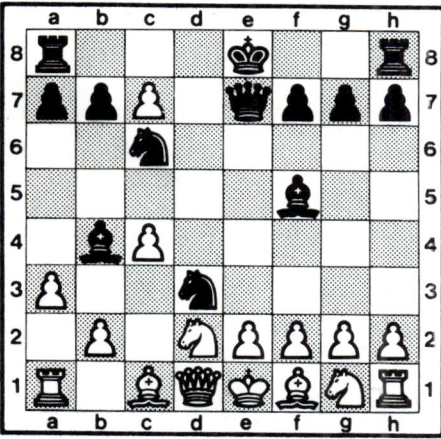

Diese Falle sollte sich jeder einprägen —
und mit Weiß tunlichst vermeiden!

**1. d4 Sf6 2. c4 e5 3. dxe5 Se4 4. Dc2
Lb4 + 5. Sc3 d5 6. exd6 e. p.**
6. cxd5 Dxd5 7. Ld2 Lxc3 8. Lxc3 Sxc3
9. Dxc3 Sc6 10. Sf3 0—0 11. e3 Te8
usw. =.
6. . . . Lf5

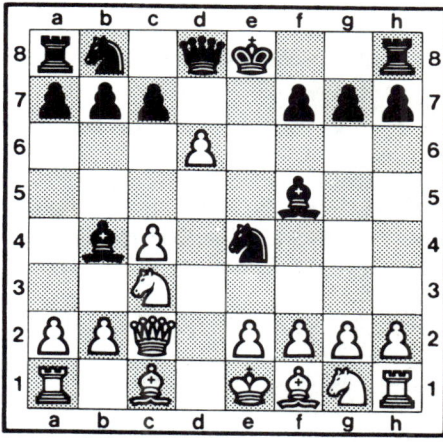

A) *7. dxc7* ist, wie schon in den Varianten
vorher, kaum gut: 7. . . . Dxc7 8. Ld2
Lxc3 9. Lxc3 Sg3! 10. e4 Lxe4
11. Ld3 Lxd3 12. Dxd3 Sxh1 13. Lxg7
Tg8 14. Dxh7 De7 + 15. Se2 Txg7
16. Dxg7 Sd7 nebst 17. . . . 0—0—0.
In dieser komplizierten Stellung sind
die schwarzen Chancen höher einzuschätzen.

B) *7. Db3* kam in der Partie *Deutgen —
Schmid,* Celle 1948 vor: *7. . . . Sc6
8. Sf3 Dxd6 9. e3 0—0—0 10. Le2
Dg6 11. Sh4 Df6 12. Sxf5 Dxf5
13. 0—0* (oder 13. f3; 13. f4 bzw.
13. Lf3) *13. . . . Sc5!* und wegen
Damenfang bald — *0:1.*

7. Ld2 Sxd6 8. e4
Eine wichtige Alternative ist: *8. Db3 Sc6
9. e3 De7* (10. a3? Sd4!) *10. Sf3 0—0—0:*

A) **11. Sd5** Lxd2 + 12. Sxd2 De6 13. Sf4 Df6 14. Le2 g5 15. Sd5 De6 16. 0—0—0 Kb8 17. Lf3 Se5 (drohend Sd3 +) mit kompliziertem Spiel in der Fernpartie **Ackermann — Meyer,** 1958. Falls 18. Le2 Td7 19. c5, so geht schon 19. . . . Se4 20. Sxe4 Lxe4 mit Rückgewinn des Bauern.

B) **11. Le2** Lxc3 12. Lxc3 Se4 13. 0—0 Thg8 und 14. . . . g5 kam in der Praxis bisher nicht vor. Schwarz muß diese Variante kaum befürchten.

12. f3 Lg6 13. h4 h6 14. Se2 Sc5 15. Sf4 Lh7 16. Sh5 Se6 17. c5 Sf5 18. Df2 De8 19. g4 Se7 20. g5 Da4 21. b3 (21. gxh6? Dxa2 nebst Db1 +) 21. . . . Da3 + 22. Db2 Dxb2 + 23. Kxb2 Lg6 24. Sg3 h5 25. b4 Sf5 26. Sxf5 Lxf5 27. Ld3 Lxd3 28. Txd3 Tfd8 29. Thd1 Kf8 30. Kc2 Ke7 Remis.

Dies ist nur ein einziges Beispiel zur Veranschaulichung; in der praktischen Partie gibt es natürlich für beide Seiten viele andere Möglichkeiten.

8. . . . Lxc3 9. Lxc3 Lxe4 10. Dd2 0—0 11. 0—0—0

Nun ist das naheliegende **11. . . . Sc6?** schlecht: **12. c5! Sf5 13. f3 Dxd2 + 14. Txd2 Se3 15. fxe4 Sxf1 16. Te2 1:0** in der Partie **de Carbonnel — Starke,** Leipzig 1953.

Nach dem folgenden, richtigen Zug:

11. . . . Sd7

ist die Stellung etwa ausgeglichen. Es ist nicht möglich, einen Universalplan für das Weiterspielen zu skizzieren. Eine künstliche Demonstrationspartie zeigt einen denkbaren weiteren Verlauf auf, wenn Weiß geradlinig auf dem Königsflügel angreift:

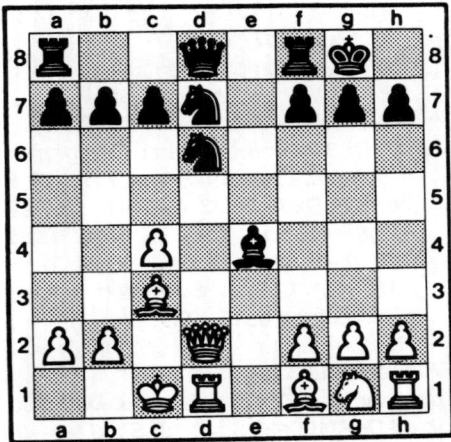

Zusammenfassung:
In der 4. Dc2-Variante hat Schwarz die Wahl zwischen der besonders scharfen Fortsetzung 4. . . . d5 und der solideren Variante nach 4. . . . Lb4 +. In allen Varianten spielt Schwarz . . . d5 nebst . . . Lf5 — die Standard-Züge dieser Variante. Für Weiß sind die Aufstellungen mit exd6 e. p. und Sb1-c3 am besten. Damit wären die allgemeinen Tips schon fast erschöpft. Diese Variante ist eine taktische Variante; die Kenntnis konkreter Zugfolgen ist erforderlich.

3. Kapitel

1. d4 Sf6 2. c4 e5 3. dxe5 Se4 4. Verschiedenes

Im ersten Kapitel haben wir die verschiedenen Damenzüge auf der d-Linie behandelt, im zweiten Kapitel die wichtige Variante 4. Dc2. Im letzten Kapitel untersuchen wir vor allem die Hauptvariante 4. Sf3 und zwei weitere, selten gespielte Züge.

Das Material gliedert sich wie folgt:

4. Sd2/4. a3	**1. Abspiel**
4. Sf3 Sc6	**2. Abspiel**
4. Sf3 Lb4 +	**3. Abspiel**

1. Abspiel

1. d4 Sf6 2. c4 e5 3. dxe5 Se4 4. Verschiedenes außer 4. Sf3

A) 4. Sd2 Sc5

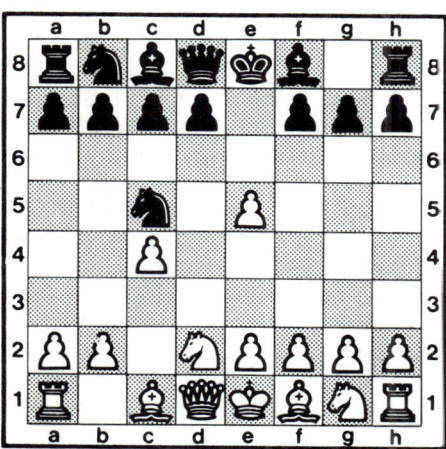

Nach 5. Sgf3 Sc6 geht das Spiel in die Variante mit 4. Sf3 Sc6 5. Sbd2 über (Siehe 2. Abspiel).
Die Enzyklopädie gibt noch an: **5. b4 Se6 6. a3 a5! 7. b5** d6 8. exd6 Lxd6 9. Sgf3 0—0 10. e3 Sd7 mit gutem Spiel für Schwarz (Feld c5 für den Se6, das andere Roß kommt nach f6 oder e5).
In Betracht kommt noch **7. . . . b6!?** (statt . . . d6) mit der denkbaren Folge 8. Sgf3 Lb7 9. e3 g5!? 10. Lb2 Lg7 11. Dc2 (überdeckt den Lb2, um nach evtl. . . . d6 den d-Bauer schlagen zu können) 11. . . . g4 12. Sd4 Sc5! (aber nicht 12. . . . Lxe5?? 13. Sxe6) 13. Se2 (Idee: Be5 decken und Sg3-f5 vorbereiten) 13. . . . d6! 14. Sg3 (14. exd6 Lxb2 15. Dxb2?? Sd3 +) 14. . . . Lxe5 15. Lxe5 dxe5 und die schwarze Stellung gefällt besser (Plan: Df6, Sbd7, 0—0—0).

In dieser Variante sind sicher noch lange nicht alle Karten ausgereizt, aber nach allgemeingültigen, strategischen Grundsätzen muß Schwarz gutes Spiel haben. Der weiße Mehrbauer ist schwach und verdoppelt, Schwarz hat einen „ewigen" Stützpunkt c5 für seinen Springer.

B) 4. a3

Das in vielen Varianten unangenehme Läuferschach auf b4 wird damit verhindert. Allerdings hat Schwarz einen einfachen Ausgleichsweg:

Partie Nr. 11
O' Kelly — Bisguier
San Juan 1969
1. d4 Sf6 2. c4 e5 3. dxe5 Se4 4. a3 Dh4 5. g3
Nach *5. Le3* gibt J. Staker folgende Variante an: *5. . . . Lc5 6. Lxc5 Sxc5 7. Dc2* (7. e3 Sc6 8. Sf3 De7 mit Ausgleich; 9. Dd5?! b6 nebst . . . Lb7 und Abzug des Sc6 ist für Schwarz günstig) *7. . . . Sc6 8. Sf3 Dh5 9. e3 Sxe5 10. Le2 d6 11. Sbd2 Lg4* mit Ausgleich.

5. . . . Dh5 6. Sd2
6. Sf3 Sc6 7. Dc2 (7. Lf4 Lc5! 8. e3 g5) 7. . . . Df5! (drohend . . . Sxg3). 7. Sbd2 führt zum Text (6. Sd2).
6. . . . Sxd2 7. Dxd2 Sc6 8. Sf3
8. f4?! ist riskant: 8. . . . d6! 9. exd6 Lxd6 10. e4 Lg4 11. e5 Lc5 nebst . . . Td8 mit gewaltiger Initiative.
8. . . . Sxe5 9. De3 d6 10. Lg2 Le7 11. Sxe5 Dxe5 12. Dxe5 dxe5 — Remis.

Wem dies zu ruhig ist, der kann 7. . . . Dxe5 versuchen (statt 7. . . . Sc6), z.B. 8. Sf3 Df6 9. Lg2 g6 10. 0—0 Lg7. Auch hier dürfte Gleichgewicht bestehen, und es sind noch viele Figuren auf dem Brett. Das Spiel ist also völlig offen.

2. Abspiel

1. d4 Sf6 2. c4 e5 3. dxe5 Se4 4. Sf3 Sc6

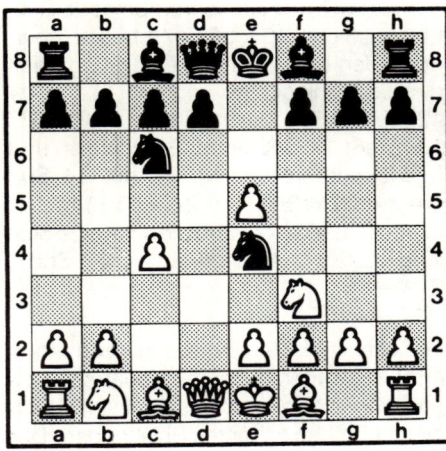

Außer den folgenden zwei oft gespielten Fortsetzungen ist noch bekannt:

A) **5. Lf4?** Lc5 6. e3 Lb4+ 7. Sbd2 g5 8. Lg3 h5 9. h3 Sxg3 10. fxg3 De7 mit Vorteil für Schwarz.

B) **5. e3** d6 6. exd6 Lxd6 7. Sbd2 Sc5 8. a3 Df6 9. Sb3 Sxb3 10. Dxb3 Lg4! Soweit die Partie Strasdas — Richter, Berlin 1933. Nach 11. Le2 0—0—0 12. h3 Lh5 nebst . . . Se5 war das Spiel unklar; Schwarz steht sicher sehr aktiv. Der Bauernraub 11. Dxb7 endet kaum gut: 11. . . . 0—0 und nun z.B. 12. Le2 (12. Dxc6?? Lb4+) 12. . . . Tab8 13. Da6 Sd4 (drohend Lb4+ nebst Damengewinn) und Schwarz steht glänzend, z.B. 14. Da4 Sxe2 15. Kxe2 Txb2+! 16. Lxb2 Dxb2+ 17. Kd3 Td8 18. Sd4 Lc5 drohend sowohl Lf5+ als auch Txd4+.

C) **5. Dd5** Lb4 + 6. Ld2 Sxd2 7. Sbxd2 De7 8. 0—0—0 Lxd2 + 9. Txd2 und vor uns ist ein alter Bekannter: Die Partie Blumich — Fajarowicz aus dem 1. Kapitel, 3. Abspiel A. Nach 9. . . . Sb4 gleicht Schwarz aus.

Meistens wird jedoch im 5. Zug gespielt:

5. Sbd2   **Abschnitt A**
5. a3!   **Abschnitt B**

Abschnitt A

1. d4 Sf6 2. c4 e5 3. dxe5 Se4 4. Sf3 Sc6 5. Sbd2
Hier ist zu beachten, daß diese Variante auch nach 4. Sd2 Sc5 5. Sgf3 entstehen kann. Daher sollten Sie sich diesen Abschnitt anschauen, auch wenn Sie sich entschließen, die Variante 4. . . . Lb4 + (statt 4. . . . Sc6) aus dem 3. Abspiel zu spielen.
5. . . . Sc5
Und auch hier verzweigen sich die Wege, erläutert an Hand praktischer Beispiele:

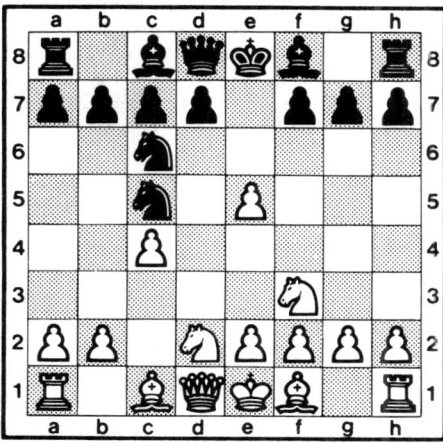

A) **6. g3**
B) **6. a3**

A) **6. g3** d6 7. exd6 Lxd6 8. Lg2 0—0 9. 0—0 Df6 10. Sb3 Le6 11. Sxc5 Lxc5 12. Da4 Lg4 13. Sg5 Tae8 14. Se4 Txe4 15. Lxe4 Lxe2 und da der Punkt f2 unter zweifachem Beschuß steht, holte sich Schwarz die Qualität mit gutem Spiel zurück (Barcza — Halic, Ungarn 1946).

B) **6. a3** De7 und nun:

b1) 7. b4? Sxe5 8. e3 (8. Sxe5 Dxe5 mit der Doppeldrohung Sd3 Matt und Dxa1) 8. . . . Scd3 + und Schwarz steht besser.

b2) 7. e3 Sxe5 8. Sxe5 Dxe5 9. Sf3 Df6 10. Le2 Le7 11. 0—0 0—0 12. Sd4 Se6 13. Sb5 (Rejfir — Richter, Prag 1931) und nun 13. . . . d6 14. Lf3 Td8 mit Ausgleich. Daß diese Stellung auch schnell „kippen" kann, demonstriert folgende, natürlich nicht zwingende Variante: 15. Tb1 (besser sofort Sc3) 15. . . . c6 16. Sc3 Sg5 17. Le2 Lf5 18. Ld3 Sh3 +! 19. gxh3 (19. Kh1? Lxd3 20. Dxd3 Sxf2 +) 19. . . . Dg6 + 20. Kh1 Lxd3 21. Tg1 Lxb1 22. Txg6 Lxg6 und Schwarz steht besser.

Abschnitt B

1. d4 Sf6 2. c4 e5 3. dxe5 Se4 4. Sf3 Sc6 5. a3!

Verhindert die üblichen Entlastungs- und Fesselungsmanöver . . . Lb4 + und ggf. auch . . . Sb4. Schwarz hat nun Probleme.

5. . . . d6
Was sonst? 5. . . . a5 6. b3 d6 7. Lb2 Le7

8. Sbd2 Sxd2 9. Dxd2 mit gesundem Mehrbauern für Weiß.

6. Dc2

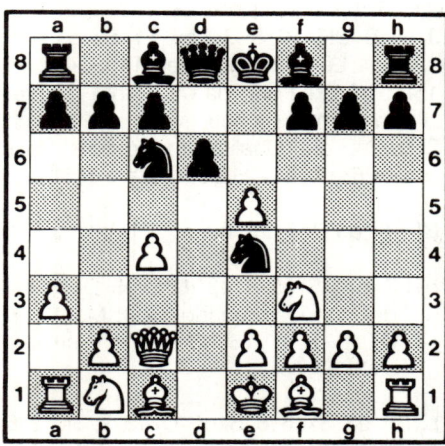

Nach 6. . . . d5 folgt 7. cxd5 Dxd5 8. Sc3 Sxc3 9. Dxc3 Lg4 10. Lf4 und Schwarz hat kaum etwas für den Bauern.

Bezüglich 6. . . . Lf5 siehe nachfolgende Musterpartie:

Partie Nr. 12
Reshevsky — Bisguier
New York 1954/55

1. d4 Sf6 2. c4 e5 3. dxe5 Se4 4. Sf3 Sc6 5. a3 d6 6. Dc2 Lf5 7. Sc3 Sxf2 8. Dxf5 Sxh1 9. e6 fxe6 10. Dxe6 + De7 11. Dd5

Der erste Sturm ist vorbei, wie sehen die schwarzen Aktien aus?
Sie sind im Keller. Rochieren kann Schwarz nicht, wegen Lg5. Also:

11. . . . h6 12. g3

Wieder geht die lange Rochade nicht gut, wegen 13. Sh4 Df6 (oder 13. . . . Sxg3 14. hxg3 Df6 15. Se4) 14. Dxh1 nebst Sd5. Deshalb verhindert Schwarz Sf3-h4:

12. . . . g5 13. Lg2 Sxg3 14. hxg3

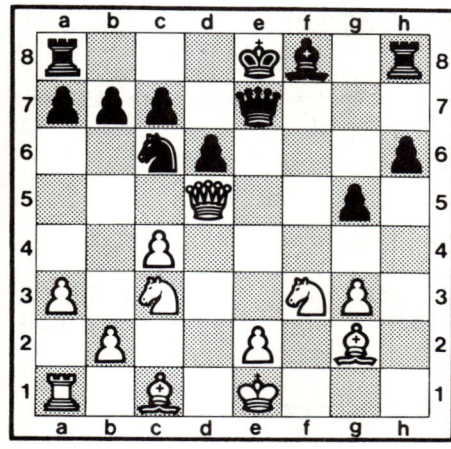

Dem Nachziehenden bleibt die Rochade weiterhin versagt: 14. . . . 0—0—0 15. Sd4 mit Exekution auf der Diagonale h1-a8.
Auch diese Drohung kann Schwarz gerade noch abwehren, aber wir sehen, daß er in dieser Partie nur reagieren, nicht aber agieren kann.

14. . . . Lg7 15. Lh3 Se5 16. Ld2!
16. Dxb7 0—0 und Schwarz lebt noch ein wenig.

16. . . . g4 17. Lxg4 h5 18. Lf5 c6 19. De4 Kd8 20. Sg5 Lf6 21. Se6 + Kc8 22. 0—0—0 Kb8 23. Lf4 b6 24. Kb1 — 1:0

Nach z.B. 24. . . . Kb7 gewinnt 25. Sb5.

Fazit: Nach 4. Sf3 ist 4. . . . Sc6 nicht gut, wegen 5. a3. Nach 5. a3 gewinnt der Zug 6. Dc2 im Vergleich zum 2. Kapitel (4. Dc2) wesentlich an Kraft, da weder die Entlastung . . . Lb4 + , noch die Verwicklungen nach . . . Sb4 möglich sind.

3. Abspiel

1. d4 Sf6 2. c4 e5 3. dxe5 Se4 4. Sf3 Lb4 +

Wir prüfen nun:

5. Ld2   **Abschnitt A**
5. Sbd2   **Abschnitt B**

Abschnitt A

1. d4 Sf6 2. c4 e5 3. dxe5 Se4 4. Sf3 Lb4 + 5. Ld2

Partie Nr. 13
Smyslow — Steiner
Groningen 1946
1. d4 Sf6 2. c4 e5 3. dxe5 Se4 4. Sf3 Lb4 + 5. Ld2 Sxd2 6. Sbxd2 Sc6 7. a3 Lxd2 + 8. Dxd2 De7 9. Dc3

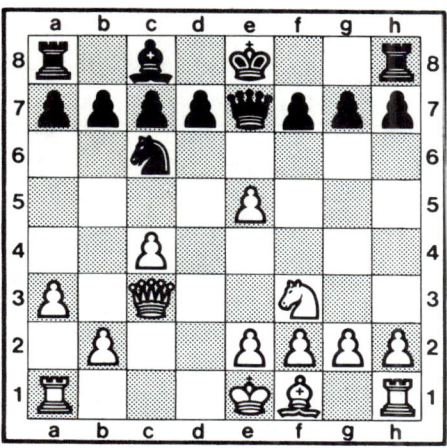

9. . . . 0—0?
Der Plan mit kurzer Rochade wird sich nicht bewähren. Hier kommt eine sehr wichige Alternative in Betracht: 9. . . . b6!? 10. e3 Lb7 11. Le2 0—0—0 12. Td1 (12. 0—0 The8 und Sxe5) 12. . . . Tde8! 13. Td5 g5! Hier kann Schwarz nach . . . Thg8 auf dem Königsflügel aktiv werden, oder evtl. mittels . . . Tg6-e6 auf Rückgewinn des Be5 spielen. Mit diesem Plan sind noch keine praktischen Erfahrungen gemacht worden.
10. Td1 Te8 11. Td5
Alles dreht sich um den Rückgewinn bzw. Erhalt des weißen Mehrbauern e5. Nun kann Schwarz diesen Bauern nicht noch einmal angreifen. Er schickt sich deshalb an, den Td5 zu vertreiben:
11. . . . b6 12. e3 Lb7 13. Le2 Tad8 14. 0—0 Sb8
Zieht nun der Td5, so erreicht Schwarz sein Ziel: 15. Td2 Lxf3 16. Lxf3 Dxe5 mit Ausgleich nach Smyslow. Der schwarze Springer wird problemlos mobilisiert: . . . d6 nebst . . . Sd7 usw.
Nach einem sehenswerten Qualitätsopfer
15. Tc1! Lxd5 16. cxd5
erhält Weiß einen erdrückenden Vorteil, den er durch präzises Spiel zum Gewinn ummünzt:
16. . . . d6 17. Lb5 Tf8 18. e4 a6 19. Ld3 dxe5 20. Sxe5 Td6 21. Sc4 Th6 22. Se3 Dh4 23. Dxc7 Tf6 24. g3 Dh5 25. e5 Th6 26. h4 Df3 27. Tc4 b5 28. Tf4 Dh5 29. Sg4 Tg6 30. Lxg6 Dxg6 31. e6 Db1 + 32. Kh2 f5 33. e7 Te8 34. Dd8 — 1:0
So geht es also für Schwarz nicht gut. Allerdings konnte Schwarz im 9. . . . Zug den Plan mit langer Rochade wählen. Er ist gut beraten, dies zu tun.

Abschnitt B

1. d4 Sf6 2. c4 e5 3. dxe5 Se4 4. Sf3 Lb4+ 5. Sbd2

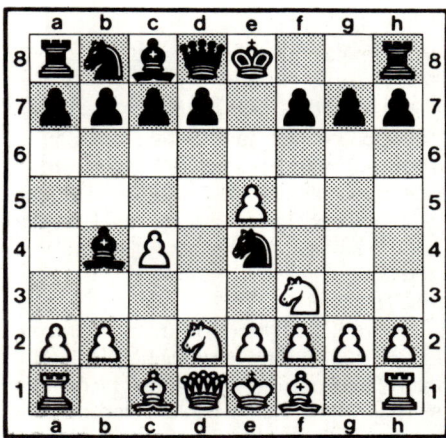

Meines Erachtens die beste Variante für Weiß.

5. . . . Sc6

Weniger gut sind die Züge:

5. . . . f5 (was Staker vorschlägt) 6. exf6 e. p. Dxf6 7. Dc2 und nach dem Abtausch auf d2 setzt Weiß seine Entwicklung problemlos fort und besitzt einen gesunden Mehrbauern.

5. . . . d5 (Enzyklopädie) 6. exd6 e. p. Dxd6 und nun 7. a3! Lxd2+ 8. Sxd2 (8. Lxd2 Db6 9. e3 Dxb2) und Schwarz hat fast gar nichts für den Bauern.

6. a3 Sxd2 7. Sxd2

7. axb4?! Sxc4 ist für Schwarz gut, z.B. 8. b5 S6xe5; 8. Dd5 Sb6 9. De4 De7 10. Ld2 d5! mit Vorteil für Schwarz.

Die wichtige Alternative 7. Lxd2 kann nach 7. . . . Lxd2+ 8. Dxd2 De7 9. Dc3 zu der

Partie Nr. 13 führen. Hier sei nochmals an den Plan mit langer Rochade erinnert: 9. . . . b6 nebst . . . Lb7 und . . . 0—0—0.

7. . . . Lf8

Das kleinere Übel. 7. . . . Lxd2+ 8. Lxd2 Sxe5 9. Lc3 ergibt einen dauerhaften Vorteil für Weiß in einer einfach zu spielenden Stellung, z.B. 9. . . . f6 10. e3 d6 11. Le2 0—0 12. 0—0 Le6 13. b3 und Weiß kann langsam „würgen" (Plan: Dc2, Tae1, e4, f4).

Auch nach der Textfortsetzung dürften die weißen Chancen etwas besser sein, aber in einer sehr komplizierten Stellung — und in solchen Stellungen genügt ein einziger ungenauer Zug und der Vorteil ist futsch!

Da es zu diesem Verbesserungsversuch keine Partiebeispiele gibt, müssen wir uns mit einigen konstruierten Varianten begnügen, die nach einem praxisnahen Verlauf entstehen können:

8. Sf3 De7 9. Lg5 De6 10. Dd5 h6 11. Lf4 g5 12. Lg3 Lg7 13. e3

Natürlich konnte Weiß hier (und auch früher) die Damen tauschen; dies führt jedoch nur zu einer Zugumstellung.

13. . . . b6 14. Le2 Lb7 15. 0—0 0—0—0

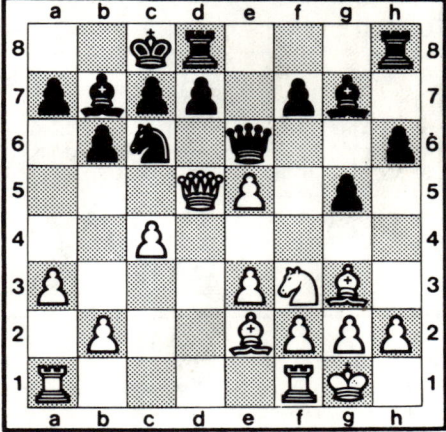

Mit unklarem Spiel. Schwarz droht nun mit 16. ... Sxe5 17. Dxe6 Sxf3 + und dann dxe6. Falls hier (oder früher) 16. Sd4, so folgt ... Dxd5 nebst ... Sxe5.

Nach **16. Dxe6 dxe6** sind folgende Varianten denkbar:

A) 17. Tfd1 g4 18. Sd4 Sxe5 19. Lxe5 Lxe5 20. Lxg4 c5 21. Sb5

a1) 21. ... Tdg8 22. Lh3 Lf3 23. Td2 Txg2 + 24. Lxg2 Tg8 (es droht ... Txg2 + nebst ... Txh2 mit Gewinn) 25. Sxa7 + Kb8 26. Td8 +! Txd8 27. Lxf3 Kxa7 28. Tb1 Td2 und wegen der ungleichen Läufer wird das Spiel wohl Remis enden.

a2) 21. ... Lxb2 mit unklarem Spiel.

B) 17. h3 Se7 18. Sd4 Sg6 19. f4 gxf4 20. Lxf4 Lxe5 mit etwa gleichem Spiel. Weniger gut wäre 20. ... Sxe5 21. Lxe5 Lxe5 22. Txf7 Lxd4 23. exd4 Txd4 24. Lg4!

Zusammenfassung:

Im Fajarowicz-Gambit entstehen nach den Damenausfällen im 4. Zug scharfe, für Schwarz gut spielbare Stellungen. Hier herrscht die Taktik über die Strategie; allgemein gefaßte Pläne gibt es nicht. Wer sich anhand des vorliegenden Materials mit den wichtigsten Varianten vertraut gemacht hat, der hat in der Partie ausgezeichnete Chancen.

Die Springerentwicklung nach f3 im 4. Zug ist für Schwarz am unangenehmsten. Hier entsteht ein komplizierter strategischer Kampf, allerdings auch mit taktischen Elementen. Schwarz hat praktische Chancen in den Stellungen mit der langsamen Belagerung des weißen Bauern e5, wie im letzten Kapitel ausführlich besprochen.

Ablehnung des Gambits

1. d4 Sf6 2. c4 e5 3. Verschiedenes

Die Ablehnung des Gambits kommt in der Praxis äußerst selten vor. Nachfolgend die Zusammenstellung der bekannten Beispiele:

3. e3 exd4 4. exd4 Lb4+ 5. Ld2 Lxd2+ 6. Sxd2 0—0 7. Ld3 d5 8. Se2 Lg4 9. 0—0 Sc6 10. f3 Lh5 = + in Vistaneckis — Vajda, Prag 1931. Schwarz spielt . . . Te8 und ggf. . . . Lg6 und drückt gegen die weißen Bauern im Zentrum, z.B. . . . dxc4 nebst . . . Sd5 und Verdoppelung auf der d-Linie.

3. Lg5 exd4 4. Dxd4 Le7 5. Sf3 Sc6 6. Dd1 Se4 7. Lxe7 Dxe7 8. a3 d6 9. e3 0—0 10. Le2 Df6 11. Sbd2 Lf5 = + in Ladmann — Tartakower, Scarborough 1929. Nach etwa 12. Sxe4 Lxe4 13. Dd2 Tad8 14. 0—0 d5 steht Schwarz augenscheinlich aktiver.

3. e4 Sxe4 und jetzt:
A) 4. De2 Lb4+ 5. Sd2 Sxd2 6. Dxe5+ Le7! 7. Lxd2 0—0 nebst Lf6 und Te8 = +
B) 4. dxe5 Lc5 und nach Karl Schlechter:
b1) 5. Sh3 d6 6. De2 f5 7. exf6 e. p. 0—0! 8. fxg7 Te8 9. Le3 Lxe3 10. fxe3 Lxh3 11. gxh3 Dh4 + und gewinnt.
b2) 5. Sh3 d6 6. Dd5 f5 7. exf6 e. p. Sxf6 nebst . . . 0—0 und ggf. . . . Lxh3 oder — nach etwa Sh3-f4 — . . . Sg4.
b3) 5. Dd5 Lxf2+ 6. Ke2 f5 7. exf6 e. p. Sxf6 8. De5+ Kf7 mit Vorteil für

Schwarz (9. Kxf2?? Sg4+; 9. Kd1 Te8).

3. d5 Lc5 4. Sc3 d6 und nun:
A) 5. Dc2 c6 6. Sf3 0—0 7. Lg5 (7. e4? Sg4) 7. . . . Sbd7 8. e3 Dc7 9. Ld3 h6 10. Lh4 Lb4 11. dxc6 bxc6 12. 0—0 Lb7 ist gut für Schwarz (Plan . . . d5; 13. e4 Sh5 nebst . . . Sf4).

B) 5. e4 c6 6. Ld3 (6. Sf3 Sg4) 6. . . . cxd5 7. cxd5 a6 8. Sf3 Sbd7 9. 0—0 (9. Lg5 h6 10. Lh4 Sf8 nebst Sg6 und evtl. Sh5 — Feld f4 für den Springer!) 9. . . . 0—0 10. Lg5 h6 11. Lh4 b5 und nach Ansicht von IM Minev steht Schwarz eher beser (Plan: . . . Sb6, . . . Ld7, . . . Tc8 mit Spiel auf dem Damenflügel).

3. Sf3 exd4 4. Sxd4 d5 5. cxd5 (5. Sc3? c5 nebst . . . d4) 5. . . . Dxd5 6. Sc3 Lb4 7. Da4 + Sc6 8. Sxc6 Lxc3 + 9. bxc3 Ld7! 10. Sb4 Lxa4 11. Sxd5 Sxd5 und Schwarz hat in seiner besseren Bauernstruktur und den freien Linien (nach . . . 0—0—0) mehr als genug Ersatz für das gegnerische Läuferpaar (nach K. Schlechter).

__0__

Partienverzeichnis

Lettisches Gambit

H. Tiemann
H. Vetter

SCHACHVERLAG MANFRED MÄDLER / DÜSSELDORF

H. Tiemann/H. Vetter

Lettisches Gambit

1.e4 e5 2.Sf3 f5

104 Seiten, 119 Diagramme, gelb-braun kartoniert.

ISBN 3-7919-0213-X

DM 15,80

Deutsch-deutsche Zusammenarbeit 1980!
Lettisch ist eine Waffe für den unternehmungslustigen Schachspieler. Auf alle Fälle hat Weiß nur bei genauestem Spiel ganz leichten Vorteil. Der Partienteil auf den Seiten 88 bis 96 veranschaulicht deutlich die schwarzen Möglichkeiten. Die Autoren sind bekannte Meister.
Ein hochinteressantes Eröffnungsbuch.

1.e4 e5 2.Sf3 f5. Eine alte Eröffnung wird modern. Durch stark besetzte internationale Fernschach-Thematurniere ist die alte Opferspielweise wieder zu neuem Leben erwacht. Diese Gambit-Eröffnung wurde von den Theoriebüchern nie gründlich genug behandelt. Die Verfasser haben die Aufgliederung und Systematik dieser Eröffnung durch zahlreiche moderne Partien ergänzt, so daß die Theorie auf den neuesten Stand gebracht worden ist. Ein Buch für Freunde des Kombinationsspiels.

Weser-Kurier

Ludwig Steinkohl

Faszination Fernschach

240 Seiten, viele wertvolle Schachpartien, Diagramme, Reportagen, Geschichtliches, Fotos

ISBN 3-7919-0222-9

DM 29,80

Die Korrespondenz-Partie erfreut sich seit eh und je besonderer Beliebtheit. Leider ist aber das Fernschach in der Schachliteratur bis jetzt zu kurz gekommen. Der Autor beschreibt in eindrucksvoller Weise die Szene von ihren Anfängen bis heute, stellt alle großen Meister dieses Metiers mit ihren größten Partien vor, und erzählt über viele Begebenheiten von Fernwettkämpfen aus der Zeit der Postkutsche bis hin zum Überschall.
Der erste große Buch über die Welt des Fernschachs.

Der Titel ist zu Recht gewählt. Es geht in der Tat von diesem vorzüglichen Werk eine unwahrscheinliche Faszination aus, verbunden mit dem brennenden Wunsch, es auch einmal mit dem Fernschach zu versuchen. Nahezu alle Partien sind Perlen der Fernschachkunst. Dabei werden die großen Meister dieser Schachform porträtiert und die Fernschachgeschichte skizziert. Der Autor selbst ist ein erfolgreicher Fernschachkönner und ein ,,brillanter Großmeister der Feder''. Dieses Buch wird auch Spieler, die dem Fernschach keine Beachtung schenken, nachhaltig beeindrucken.

Fränkisches Volksblatt